De WAANZINNIGE BOOMHUT VAN 39 VERDIEPINGEN

Sterrenkijk-
platform
Inkt-
spatjes
Sonarpanelen
Maffe
pinguïns
Waaaa!
Trampoline
Nog
maffere
konijnen
Antizwaartekracht-
kamer
Gnuif!
Hellup!
Röntgen-
kamer
Baby-
dinosaurus-
knuffeltuin
Hellup!
Hoei!
Doorkijk-
zwembad

De WAANZINNIGE BOOMHUT VAN 39 VERDIEPINGEN

ANDY GRIFFITHS
en TERRY DENTON
Vertaald door
EDWARD VAN DE VENDEL

LANNOO

INHOUD

HOOFDSTUK 1

DE BOOMHUT VAN 39 VERDIEPINGEN

Hoi, ik heet Andy.

Dit is mijn vriend Terry.

We wonen in een boom.

Maar als ik zeg 'boom', dan bedoel ik boomhut. En als ik zeg 'boomhut', dan bedoel ik geen oud, gammel hutje — dan bedoel ik een boomhut *van 39 verdiepingen!* (Het was eerst een boomhut van 26 verdiepingen, maar we hebben er 13 verdiepingen bijgebouwd.)

Dus waar wacht
je nog op?
Kom maar
boven!

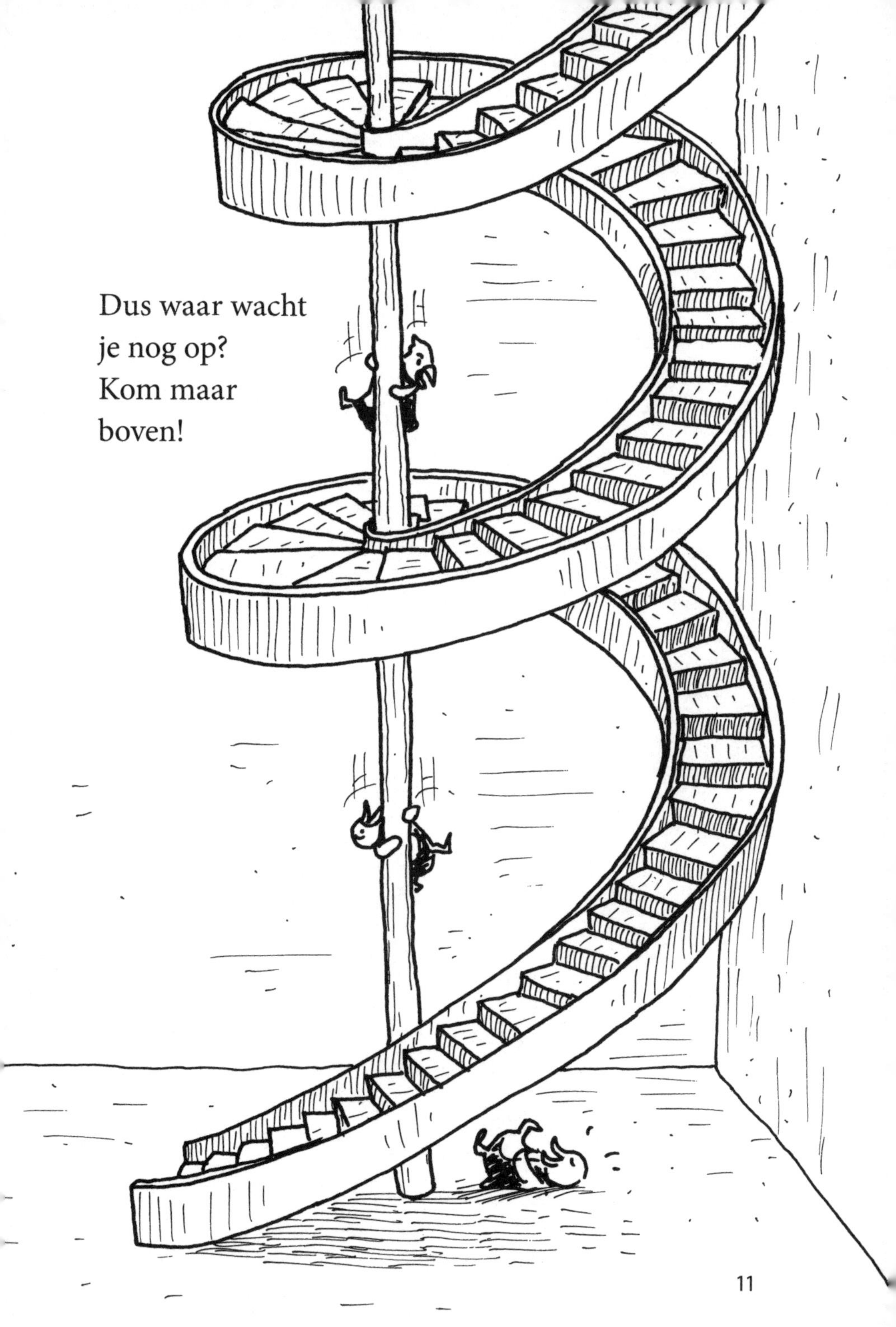

Sterrenkijk-
platform
Zonne-
panelen
Inktspatjes
Maffe
pinguïns
Waaaa!
De SLURFINATOR
Trampoline
Ik
kan echt
dansen!
Nog
maffere
konijnen
Antizwaartekracht-
kamer
Disco
Gnuif!
Hellup!
Röntgen-
kamer
Babydinosaurus-
knuffeltuin
Hoei!
Doorkijk-
zwembad

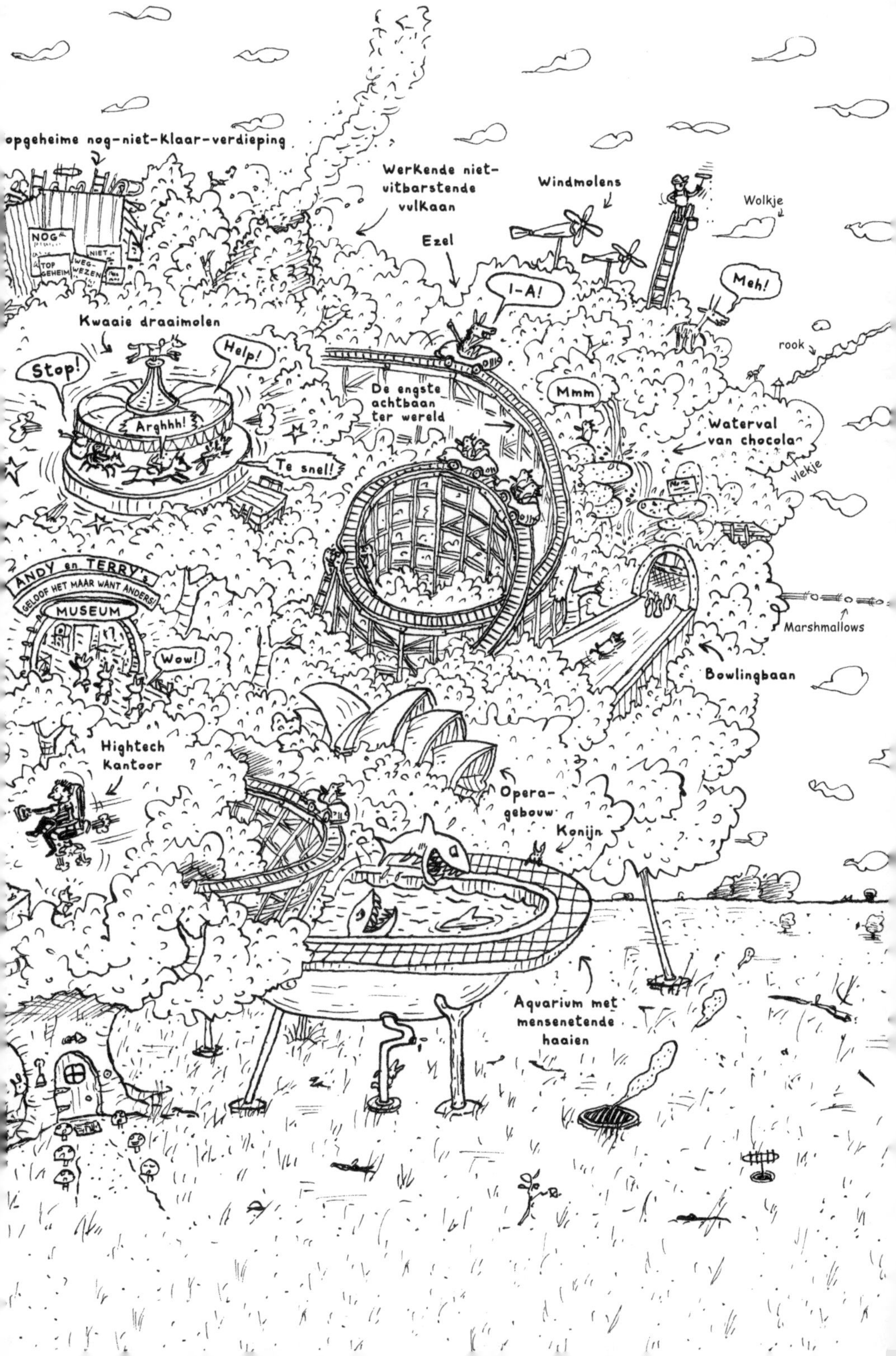
opgeheime nog-niet-Klaar-verdieping
NOG
NIET
TOP GEHEIM
WEG-WEZEN
Werkende niet-uitbarstende vulkaan
Windmolens
Wolkje
Ezel
I-A!
Meh!
Kwaaie draaimolen
Stop!
Help!
Arghhh!
Te snel!
rook
De engste achtbaan ter wereld
Mmm
Waterval van chocola
vlekje
ANDY en TERRY's
GELOOF HET MAAR WANT ANDERS!
MUSEUM
Wow!
Marshmallows
Bowlingbaan
Hightech Kantoor
Opera-gebouw
Konijn
Aquarium met mensenetende haaien

We hebben er een trampoline bij gemaakt
(zonder vangnet),

een waterval van chocola,

een werkende (niet-uitbarstende) vulkaan,

een concertgebouw,

een babydinosaurusknuffeltuin,

en het Andy en Terry’s *Geloof Het Maar Want Anders!* Museum,

een boksende olifant die De Slurfinator heet (met één klap van zijn enorme slurf slaat hij je bewusteloos),

een kwaaie draaimolen,

een röntgenkamer (waarin je je eigen skelet kunt bekijken),

een disco met een oplichtende dansvloer en een reusachtige spiegelbol,

een hightech kantoor met lasergummen, halfautomatische nietmachinegeweren en draaistoelen met straalaandrijving,

en de engste achtbaan ter wereld (die is *zo* snel, *zo* gevaarlijk en *zo* angstaanjagend dat zelfs dode mensen nog bang zijn om erin te gaan),

en behalve al die verdiepingen hebben we er ook nog een die zo nieuw is dat Terry ze nog niet heeft kunnen afmaken… Ik kan niet wachten om ze te zien!

In onze boomhut wonen we niet alleen, we bedenken er ook onze boeken. Ik schrijf de tekst en Terry maakt de tekeningen.

Zoals je ziet zijn we daar al een tijdje mee bezig.

Natuurlijk word je weleens afgeleid als je in een boomhut van 39 verdiepingen woont… Ik bedoel, er is altijd *zo veel* te doen…

maar op de een of andere manier krijgen we ons boek toch altijd weer af.

HOOFDSTUK 2

DE 39STE VERDIEPING

Net als bijna al onze lezers vraag jij je waarschijnlijk af hoelang Terry en ik erover doen om een boek te schrijven.

Wel, het antwoord hangt, denk ik, af van of het een dik boek is of een dun boek. Het schrijven van een dik boek duurt langer dan het schrijven van een dun boek, want daarvoor heb je niet zoveel tijd nodig als voor het schrijven van een dik boek, waarvan ik dus al zei dat het lang duurt om het te schrijven, en — o, sorry. Terry is er.

'Hoi, Andy', zegt hij. 'Wat ben je aan het doen?'

‘Ik ben de lezers
aan het vertellen
hoelang wij erover
doen om een
boek te schrijven.’

‘Heb je al gezegd dat
het ervan afhangt of
het een dik boek is
of een dun boek?’
zegt hij.

‘Ja!’ zeg ik.

‘En dat het langer duurt
om een dik boek te
schrijven dan een
dun boek?’

‘Ja!’ zeg ik.

‘En heb je ze al gezegd
dat het korter duurt om
een dun boek te schrijven
dan een dik boek?’

'JA!' zeg ik.
'Dat heb ik ze allemaal uitgelegd.'

'Oké, oké, je hoeft niet zo te schreeuwen', zegt Terry. 'Maar wedden dat er één ding is dat je ze nog *niet* hebt verteld?'

'En dat is?'

'Dat *dit* boek ons nauwelijks tijd gaat kosten, hoe dik of hoe dun het ook wordt.'

'Waarom denk je dat?'

'Eh...' zegt Terry. 'Ik—'

TRING! TRING!

TRING! TRING!

TRING! TRING!

Dat is onze 3D-videotelefoon.

'Wacht even, Terry', zeg ik. 'Ik kan maar beter even opnemen. Waarschijnlijk is het meneer Grootneus. Zoals je weet belt hij altijd ergens aan het begin van het tweede hoofdstuk om ons te herinneren aan de deadline voor ons nieuwe boek.'

Ik straaldraaistoel naar de videotelefoon en neem op. Het is inderdaad meneer Grootneus. Niemand anders ter wereld heeft *zo'n* grote neus.

'Waarom duurde dat zo lang?' zegt hij.

'Sorry', zeg ik. 'Ik was de lezers aan het uitleggen hoelang we erover doen om een boek te schrijven.

‘Heb je ze verteld dat
het ervan afhangt
of het een dun boek
of een dik boek is?’
schreeuwt hij.

‘Ja, meneer.’

‘En dat het langer
duurt om een dik
boek te schrijven dan
een dun boek?’

‘Ja!’ zeg ik.

‘En dat dunne boeken niet zo lang duren als dikke boeken?’

‘JA!’ zeg ik. ‘Dat heb ik ze allemaal uitgelegd.’

'En heb je ze verteld dat ik altijd ergens aan het begin van het tweede hoofdstuk bel om jullie eraan te herinneren wanneer jullie volgende boek af moet zijn, wat in dit geval morgenmiddag is?'

'*Morgenmiddag?*' zeg ik. 'Maar… maar… maar… dat is… *morgen*… in… in… in… de *middag!*'

'Exact!' zegt meneer Grootneus. 'En geen minuut later dan vijf uur… WANT ANDERS!'

Voordat ik hem uit kan leggen dat dat compleet en helemaal en totaal onmogelijk is, komt Terry aanvliegen. Hij zweeft tussen mij en het scherm.

'Geen probleem, meneer Grootneus', zegt hij. 'Alles onder controle. Morgen om vijf uur ligt het op uw bureau, zeker weten. Tot dan. Dag!'

Terry hangt op.

'Ben je gek geworden?' zeg ik.

'Ik *denk* van niet', zegt Terry. 'Waarom vraag je dat?'

'Omdat je zojuist aan meneer Grootneus beloofd hebt dat wij hem een boek gaan geven waar we nog niet eens aan begonnen zijn, omdat jij de hele tijd druk bent met het bouwen van je geheime 39ste verdieping!'

'Maar dat probeerde ik je net te vertellen, voordat meneer Grootneus belde', zegt Terry. 'Wat ik op de 39ste verdieping gedaan heb, lost onze boekschrijfproblemen voor eeuwig op. Kom mee, dan laat ik het je zien.'

Terry stijgt op en ik vlieg-stoel achter hem aan, naar de top van de boom.

We zweven om de 39ste verdieping heen, die nog steeds dichtgespijkerd is, en vol hangt met bordjes met ‘WEGWEZEN’ erop.

'Eh?' zeg ik. 'Wat is het?'

'Och,' zegt Terry, 'het is enkel maar de grootste uitvinding die ik — of wie dan ook — ooit heb gedaan!'

Hij knipt een lint door. De schotten vallen weg en ik zie...

de grootste uitvinding die Terry — of wie dan ook — ooit heeft gedaan.

OPQR
BCDEF
JKLMN
MXVII

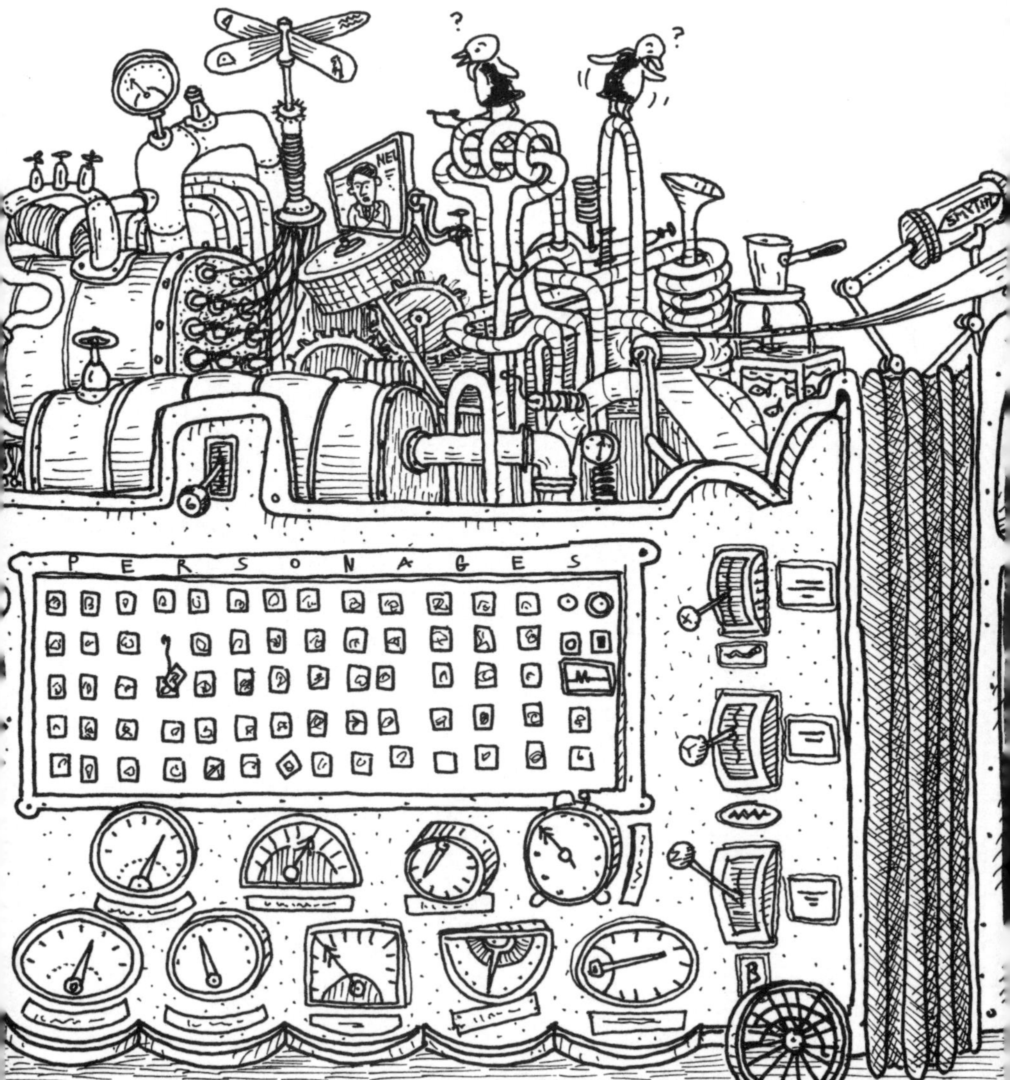
P E R S O N A G E S

SMYTHE
No147

‘En?’ zegt Terry. ‘Wat vind je ervan?’

‘Het is de grootste uitvinding die jij — of wie dan ook — ooit hebt gedaan!’ zeg ik. ‘Maar wat is het?’

‘Een Er-was-eens-ooit-machine!’ zegt Terry.

‘Een *tijdmachine*?!’ zeg ik. ‘Tof! Dus dan kunnen we een paar weken teruggaan in de tijd, ons boek schrijven en dan hebben we het toch nog op tijd af!’

‘Eh, nee, niet echt’, zegt Terry. ‘Hij helpt ons wel om het af te krijgen, dat klopt, maar het is geen tijdmachine. Het is een *Er-was-eens-ooit*-machine. Hij schrijft — en tekent — het hele boek voor ons!’

‘Kan hij een heel boek schrijven?’ zeg ik. ‘In z’n eentje?’

‘Absoluut!’ zegt Terry. ‘Hij heeft twee paar handen: één paar dat supersnel kan typen…

en een tweede paar om te tekenen. En hij kan met twee handen tegelijk tekenen!”

'Wow!' zeg ik. 'En hoeven wij dan *niets* meer te doen?'

'Nee, we moeten hem alleen programmeren. We vertellen hem wat voor soort verhaal we willen en dan zetten we hem aan. De machine doet de rest!'

'Maar dat is briljant!' zeg ik. 'Hoe lang doet hij erover?'

'Eh,' zegt Terry, 'dat hangt er helemaal van af of je een dik boek wilt of een dun boek. Het duurt langer om een dik boek te schrijven dan om een dun boek te schrijven en het duurt minder lang om dunne boeken te schrijven dan dikke boeken.'

'En een boek van *352* bladzijden?' zeg ik.

'Ongeveer acht uur', zegt Terry.

‘Perfect!’ zeg ik. ‘We zetten de machine aan en klaar.’

‘Even wachten’, zegt Terry.

‘Hoe bedoel je “even wachten”?!’ zeg ik. ‘Het boek moet *morgen* af zijn! We hebben geen tijd te verliezen!’

‘Dat weet ik,’ zegt Terry, ‘maar het punt is dat ik hem nog niet aan kan zetten. Het is zo’n grote, ingewikkelde machine, met zo veel verschillende onderdelen, dat ik elke aan-uitknop die ik had al heb gebruikt. Maar ik heb een nieuwe besteld, en volgens mij kan die elk moment bezorgd worden.’

DING DONG!

'Ah', zegt Terry. 'Daar is hij al!'

We kijken naar beneden.

Er staat een postbode bij de voordeur.

Maar niet zomaar een postbode.

Het is Bill.

Bill de postbode.

Maar dat kan niet, want… eh…

Bill is dood!

HOOFDSTUK 3

HET VERHAAL VAN POSTBODE BILL

Terry en ik kijken elkaar vol afgrijzen aan.

'Zie jij wat ik zie?' zegt Terry.

'Ja!' zeg ik. 'Bill is er.'

'Maar dat *kan* niet!' zegt Terry. 'In het vorige boek zagen we zijn skelet in het Labyrint des Doods, weet je nog wel?'

'*Ja, natuurlijk weet ik dat nog!*' fluister ik. 'Dat betekent dat die kerel daarbeneden Bill niet kan zijn… En dan is het dus een *zombie*!'

'Pakje!' roept de zombie.

'Hij *klinkt* wel als Bill', zegt Terry.

'Dat hoort bij zijn sluwe plan', zeg ik.

'Welk sluw plan?' zegt Terry.

'Om eerst een pakje te bezorgen en dan onze hersens leeg te eten!' zeg ik. 'Weet je dan helemaal *niks* over zombies?'

‘Andy?’ roept de zombie. ‘Terry? Is er iemand thuis?’

‘Hij kent onze *namen*!’ zegt Terry. ‘Het *moet* Bill wel zijn.’

‘Ja,’ zeg ik, ‘Bill de *ZOMBIE*!’

‘Hé, schiet eens op, sufkoppen’, zegt de zombie. ‘Ik hoor jullie wel, daarboven. Ik heb een pakje voor jullie.’

‘Kun je het bij de deur neerleggen?’ zeg ik. ‘We hebben het nogal druk.’

‘Ik ben bang van niet’, zegt de zombie. ‘Het is een aangetekende zending van *Knoppen‘R’Us*… Ik heb jullie handtekening nodig.’

‘Die knop hebben we echt nodig, Andy’, fluistert Terry.

‘Ja, en onze hersens hebben we ook echt nodig’, fluister ik terug.

‘Ik ben *geen* zombie, hoor’, roept de zombie.

‘Hoorde je dat, Andy?’ zegt Terry. ‘Hij zegt dat hij geen zombie is.’

‘Dat is *precies* wat een zombie ook zou zeggen’, zeg ik. ‘Dat risico kunnen we niet nemen.’

‘Oké dan’, roept Bill. ‘Als jullie niet naar beneden willen komen, kom ik wel naar boven!’

‘Help, nee!’ schreeuw ik. ‘Een zombie-aanval! Pak de vlammenwerpers, Terry!’

‘Welke vlammenwerpers?’

‘De vlammenwerpers die je zou maken om onszelf tegen een zombie-aanval te beschermen!’

‘O, *die* vlammenwerpers’, zegt Terry. ‘Daar ben ik niet aan toegekomen. Ik had het te druk met de 39ste verdieping.’

‘Ze zijn echt niet nodig’, zegt Bill, die bijna bij onze verdieping is. ‘Ik ben geen zombie. Ik ben heel erg levend.’

'Maar we dachten dat je dood was', zei Terry.

Bill grijnst. 'Dat dacht ik ook toen ik *De Waanzinnige Boomhut van 26 Verdiepingen* las, en toen ik die tekening zag van een skelet dat mijn postbodepet op had. Eerst was ik een tijdje heel verdrietig, totdat ik me realiseerde dat als ik me verdrietig voelde, ik nog altijd levend moest zijn — dus uiteindelijk kon ik het niet zijn geweest, daar op die tekening!'

'Maar als jij dat niet was,' zegt Terry, 'wie was het dan wel?'

'Tja, dat is nogal een lang verhaal,' zegt Bill, 'en zoals jullie wel weten, duurt het veel langer om een lang verhaal te vertellen dan een kort verhaal, en dat—'

'Ja, dat *weten* we!' zeg ik. 'Kun je er een kort verhaal van maken?'

‘Tuurlijk’, zegt Bill, en hij begint aan zijn korte lange verhaal. ‘Misschien weten jullie dit nog niet, maar het leven van postbodes is niet makkelijk. We worden achternagezeten door honden…

aangevallen door vogels…

en door kamelen bespuugd.

Maar veel erger dan dat zijn de Verjaardagskaart Bandieten die ons altijd in de val dreigen te lokken.

'De *Verjaardagskaart Bandieten*?' zegt Terry. 'Dat klinkt niet goed.'

'Ze *zijn* ook niet goed', zegt Bill. 'Ze zijn slechter dan je je kunt voorstellen, en in het hele land leven postmedewerkers voortdurend in angst.'

'Waarom?' zeg ik. 'Wat voor slechte dingen doen ze dan?'

‘Wat ze doen is,’ zegt Bill, ‘ze graven een gat in de grond…

leggen er takken en blaadjes overheen…

en dan wachten ze tot arme onschuldige postbodes zoals ikzelf erin vallen.’

‘En als ze een paar postbodes
hebben gevangen, dan pakken
ze hun uniformen af…

trekken ze aan…

en dan doorzoeken ze alle
postzakken en stelen het geld
uit de verjaardagskaarten
die lieve opa’s en lieve oma’s
aan hun kleinkinderen
hebben gestuurd.

En alsof dat nog niet slecht
genoeg is, schrijven ze ook
nog een briefje terug aan de
oma's en opa's, en doen
net alsof het van hun
kleinkinderen komt…

en in die
briefjes vragen
ze de opa's en oma's
of ze nog wat willen sturen
omdat hun verjaardagsgeld
gestolen is…

en als de opa's en
oma's dan inder-
daad meer geld
sturen, stelen de
Verjaardagskaart
Bandieten dat ook!'

‘Wat verschrikkelijk!’ zegt Terry.

‘Vind ik ook’, zegt Bill. ‘Maar het is nog niet eens het ergste wat ze doen.’

Ik zeg: ‘Wat is er in hemelsnaam nog erger dan het verjaardagsgeld van kinderen stelen?’

'Ik zal het je zeggen', zegt Bill. 'Soms onderscheppen ze ook nog de uitnodigingen die de kinderen sturen voor hun feestje!

Daarna gaan ze naar de huizen waar die verjaardagsfeestjes gevierd worden...

en dan stelen ze de ballonnen die aan de voordeur hangen!

En dat is nog niet alles… Ze stelen de feesthoedjes van de kinderen,

de feesttoeters,

de cadeautjes,

en door heel snel de kaarsjes op de feesttaart uit te blazen stelen ze soms zelfs de wens die de jarige jongen of het jarige meisje wilde doen!'

‘Wat een schurken!’ zegt Terry.

‘Wat een *schurkachtige* schurken!’ zeg ik. ‘Maar ik begrijp nog niet echt wat dat te maken heeft met de neppostbode die jouw uniform aanhad in het Labyrint des Doods?’

'Luister,' zegt Bill, 'net als heel veel andere postbodes was ook ik gevangengenomen door de Verjaardagskaart Bandieten. Ze stalen mijn uniform en bonden me vast.

Ik vermoed dat de bandiet die mijn uniform aangetrokken heeft het Labyrint des Doods ingegaan is, om zich voor de politie te verstoppen, en toen kon hij natuurlijk de uitgang niet meer vinden. Had hij nu maar op die waarschuwingsbordjes gelet!'

‘Ik ben in elk geval blij dat jij het niet was, daar in dat Labyrint des Doods’, zeg ik.
‘Ik ook,’ zegt Terry, ‘en ik ga nog een bordje bij de ingang zetten. Dan weten we zeker dat het niet meer gebeurt.’

HOOFDSTUK 4

DE ER-WAS-EENS-OOIT-MACHINE

Als Bill weg is, maakt Terry het pakje open en schroeft de knop op z'n plek.

'Oké', zegt hij. 'Nu is de Er-was-eens-ooit-machine klaar om een boek voor ons te schrijven. Het enige dat we nog moeten doen is bedenken wat voor soort boek we willen.'

'Een grappig boek', zeg ik.

'Goed idee', zegt Terry. 'Maar *hoe grappig precies* wil je het hebben?'

'*Zo* grappig', zeg ik, 'dat je, als je het leest en een glas melk drinkt, zo hard moet lachen dat de melk je neus uit spuit.'

'Geen probleem', zegt Terry. 'Dan zet ik de GRAPPIG-wijzer op NEUS-UIT-SPUIT GRAPPIG en dan doet de machine de rest!"

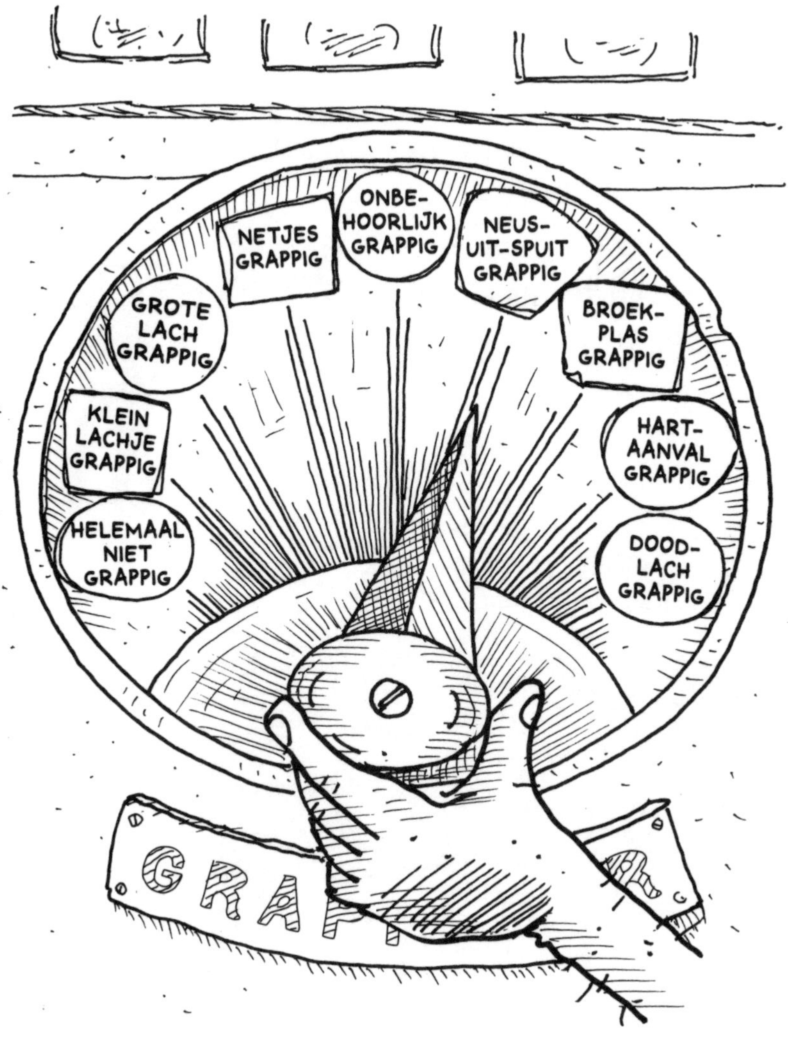

‘Geweldig!’ zeg ik. ‘Dit wordt het makkelijkste boek dat we ooit geschreven hebben!’

‘Je bedoelt het makkelijkste boek dat we *nooit* geschreven hebben!’ zegt Terry. ‘Wat moet er nog meer in?’

‘Veel actie!’ zeg ik. ‘Eén boek met actie voor meneer. Komt voor elkaar!’ zegt Terry en hij draait de ACTIE-wijzer zo ver naar rechts als hij maar kan.

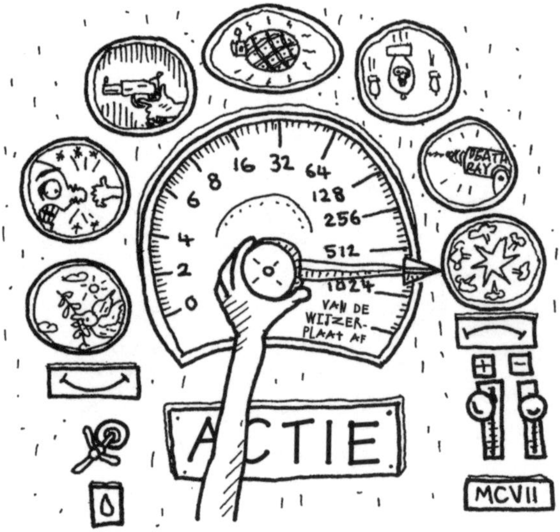

'En de personages?' zegt Terry.

'Dezelfde als altijd, lijkt me', zeg ik. 'Jij, ik en Jill, en ook een paar nieuwe, om het interessant te houden.'

'Doen we', zegt Terry.

AAN UIT
STEVEN, DE MECHANISCHE STIER
AAN UIT
EDWARD SCHEPHAND
AAN UIT
ANDY'S OUDERS
AAN UIT
TERRY'S OUDERS
AAN UIT
JILLS OUDERS
AAN UIT
KAPITEIN HOUTHOOFD
AAN UIT
GORGONZOLA
AAN UIT
GEMENE PIRATEN
AAN UIT
DE SLURFINATOR
AAN UIT
BABY-DINOSAURUSSEN
AAN UIT
VERJAARDAGS-KAART BANDIETEN
AAN UIT
GEVAAR GEMU-TEERDE LEEUW
SOORT VAN GEMUTEERDE LEEUW
AAN UIT
PROFESSOR STUPIDO
AAN UIT
KIKKER-NIJLPAARD
AAN UIT
ER-WAS-EENS-OOIT-MACHINE
AAN UIT
MENNO
AAN UIT
BIL & WIL
AAN UIT
FRITS
AAN UIT
KRULLETJE
AAN UIT
HENK

AAN UIT
MENEER I-A
PIET
LUMMEL
LAIKA
PINK
KONIJNEN
DE VIS PISTOLS
FLUFJE, DE VLIEGENDE KAT
BUFJE, DE VLIEGENDE KAT
SNORRIE, DE VLIEGENDE KAT
BLORRIE, DE VLIEGENDE KAT
GRIEZELTJE, DE VLIEGENDE KAT
FEETJE, DE VLIEGENDE KAT
KRABBERTJE, DE VLIEGENDE KAT
TRAPPERTJE, DE VLIEGENDE KAT
HAPPERTJE, DE VLIEGENDE KAT
KLAPPERTJE, DE VLIEGENDE KAT
TINKERBEL, DE VLIEGENDE KAT
FLAPPERTJE, DE VLIEGENDE KAT
JIJ, DE LEZER
Plak hier je gezicht

'Oké', zegt Terry. 'En waar wil je dat het verhaal zich afspeelt?'

'Waar kan ik uit kiezen?' zeg ik.

'Even kijken', zegt Terry. Hij leest voor wat er op het PLEK & PLAATS-paneel staat. 'De boomhut… Jills huis… het bos… onder water… in de ruimte… de achterkant van de maan… de vierde dimensie… Kaasland—'

'Kaasland?' zeg ik.

'Ja!' zegt Terry. 'In dat land is alles van kaas gemaakt. Mag het erbij, Andy, alsjeblieft, alsjeblieft?'

'Goed,' zeg ik, 'maar ik wil daar niet al te lang zijn. Het klinkt nogal stinkerig. Ik vind het wel leuk om naar Jills huis te gaan, en om daar te komen moeten we eerst door het bos, dus doe die er alle twee maar bij. En in de ruimte zou ook leuk zijn… en ik heb altijd al eens naar de achterkant van de maan gewild.'

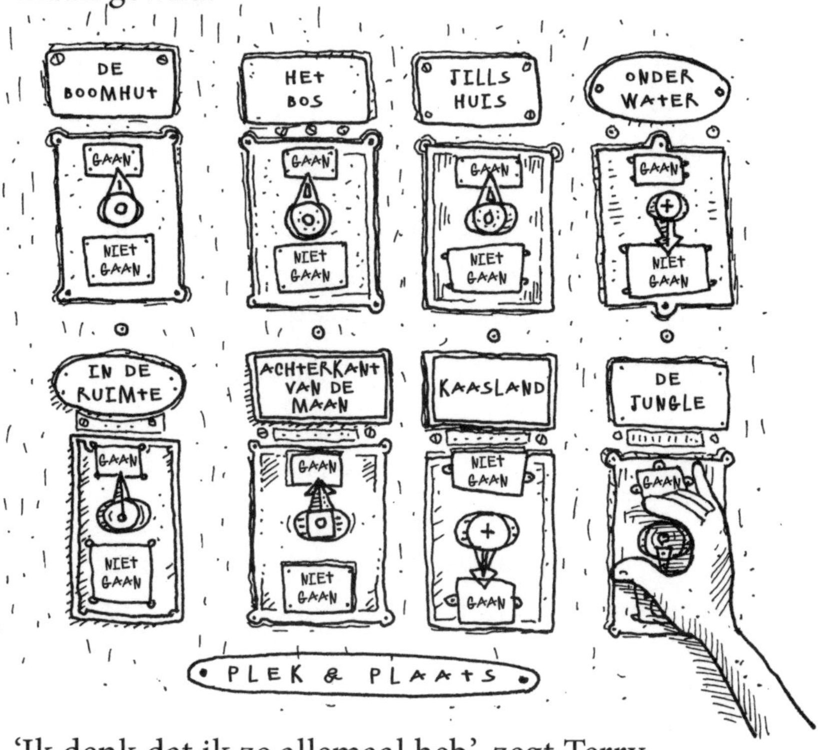

'Ik denk dat ik ze allemaal heb', zegt Terry. Hij draait knopjes om. 'Boomhut, bos, Jills huis, Kaasland, in de ruimte en de achterkant van de maan… Klaar.'

Terry is klaar met het programmeren van de plekken en de plaatsen en draait zich naar mij om. Hij zegt: 'Wat dacht je van een beetje romantiek?'

'Nee, bedankt,' zeg ik, 'je bent niet echt mijn type.'

'Andy!' zegt Terry. 'Even serieus! Ik bedoel: wil je wat romantiek in het *verhaal*?'

'Zeker weten van niet!' zeg ik. 'Weet je nog hoeveel problemen jij veroorzaakte toen je verliefd werd op Meerminia, in *De boomhut van 13 verdiepingen*?'

'Hoe kon ik weten dat ze een zeemonster was?' zegt hij.

'Allereerst: door haar *adem*', zei ik.

'Weet je dat ik haar nog altijd mis?' zucht Terry.

'Maar ze probeerde je *op te eten*!' zeg ik. 'En *mij* trouwens ook.'

'Ja, dat weet ik, maar voordat ze dat probeerde was ze *echt* aardig. Kunnen we er een klein beetje romantiek in doen… *alsjeblieft*?'

'Goed dan!' zeg ik. 'Maar echt maar een *klein* beetje.'

'Maak je geen zorgen, Andy', zegt Terry. 'Je zult er niet eens iets van merken.

'Ik zat nog aan één ander ding te denken', zeg ik. 'Kan er een ontploffing in?'

'Geen probleem', zegt Terry, en hij draait de wijzer op de RAMPEN-schijf naar EXPLOSIE.

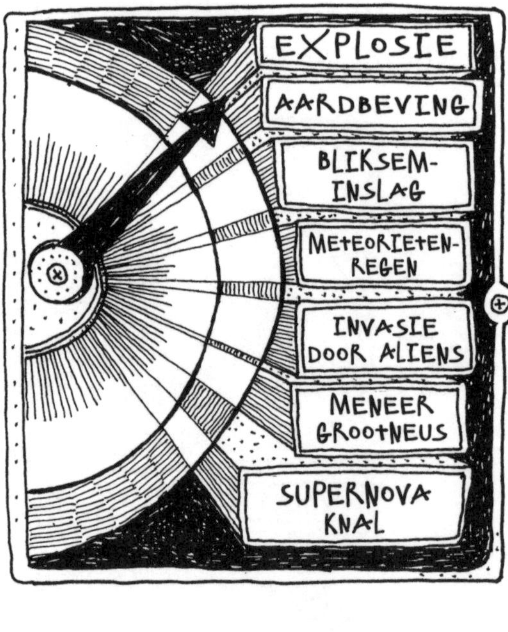

‘Ik denk dat we nu bijna alles hebben’, zegt Terry. ‘Is er nog iets anders wat je kunt bedenken?’

‘Verras me maar’, zeg ik.

‘Oké’, zegt Terry giechelend. ‘Dit ga jij leuk vinden.’

‘Ik zet de paginahoeveelheidsmeter op 352 en dan kunnen we bijna beginnen’, zegt Terry.

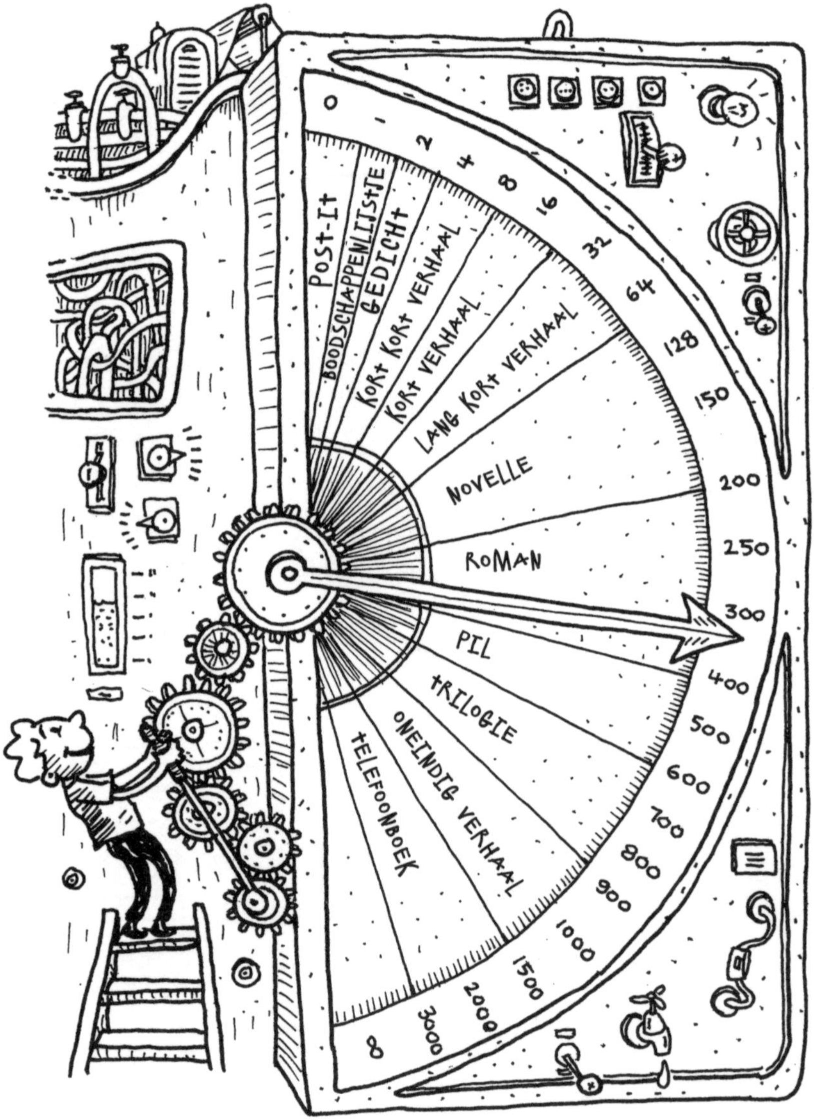

Terry trekt zijn schoenen en zijn sokken uit.

'Wat doe je?' vraag ik.

'Voor ik de machine aan kan doen, moet ik eerst mijn grote teen in de scanner zetten.'

'Waarom?' vraag ik.

'Grote-teen-securityherkenning', zegt Terry. 'Als iemand de machine probeert te stelen en hem aanzet met een ongemachtigde grote teen, dan vernietigt de machine zichzelf ogenblikkelijk.'

Terry steekt zijn grote teen in de scanner.

'Grote-teen-securityherkenning in gang', zegt de machine. 'Gemachtigde gebruiker herkend. Ga naar de volgende stap.'

We zetten de aan-uitknop op 'aan'.

'Verhaalproces in gang', kondigt de machine aan.

‘Hoelang duurt het?’ vraag ik.

‘Geschatte lengte van het romanschrijfproces: acht uur’, zegt de machine.

‘Wat zei ik je?’ zegt Terry. ‘*Acht* uur! We hebben *acht* uur om te doen waar we zin in hebben!’

'Waar wachten we dan op?' zeg ik.

'LATEN WE

GAAN DOEN

WAAR WE ZIN

IN HEBBEN!'

HOOFDSTUK 5

TIJD VOOR LEUKE DINGEN!

We gaan bowlen...

zwemmen…

schaatsen…

racen…

kussengevechten houden…

uitvinden…

zwaaien…

strips lezen…

marshmallows eten…

limonade drinken…

onder de watervallen
van chocola…

babydinosaurussen
aaien…

röntgen-
foto's
maken…

dansen…

opnemen…

modder-
gevechten
houden…

in de kwaaie
draaimolen…

en in de
achtbaan!

RING VAN VUUR
GEVAAR WATER-MONSTERS

We doen zo veel rondjes en rondjes en rondjes en rondjes en rondjes en rondjes en rondjes en rondjes dat ik me een heel piepklein beetje duizelig begin te voelen.

'Ik denk niet dat ik nog meer achtbaanrondjes aankan', zeg ik.

'Zullen we dan gaan trampolinespringen?' zegt Terry.

'Geweldig idee!' zeg ik.

Dus dat doen we…

en het is echt heel leuk, totdat…

de Slurfinator er ook op klimt en met ons mee komt springen.

Ik weet niet of je al eens samen met een olifant trampoline hebt gesprongen, maar mocht dat zo zijn, dan weet je dat dat niet gemakkelijk is. Olifanten zijn niet alleen erg onhandig, ze zijn ook erg zwaar. Om precies te zijn zo zwaar als… als… als een olifant dus!

Hij springt boven op ons…

hij springt
onder ons…

en dan dubbelspringt hij ons alle twee van de trampoline af!

We vliegen de lucht in,
hoog boven het bos
en ver, ver weg.

En dan beginnen we te vallen,
eerst nog heel langzaam, en dan
sneller en sneller en sneller…

totdat we met een enorme plons neerkomen in een grote, hete draaikolk van plakkerige, stinkende, gesmolten kaas.

'Waar zijn we?' schreeuw ik. Ik probeer wanhopig mijn hoofd boven de kaas te houden.

'Ik denk dat we in Kaasland zijn!' zegt Terry.

'Ik wist niet dat Kaasland *echt* bestond', zeg ik.

'Natuurlijk bestaat het,' zegt Terry, 'maar het is niet zo leuk als ik dacht dat het zou zijn.'

'Hoe komen we hier uit?' zeg ik.

'Geen idee', zegt Terry. 'Hadden we maar een droog stuk supertoast of zo.'

Een bekende stem zegt: 'Mag het ook een super-*vinger* zijn?'

We kijken omhoog.

'Supervinger!' zegt Terry. 'Wat doe jij hier?'

'Mijn naam is Supervinger,' zegt hij, 'en het oplossen van problemen die om een vingermatige oplossing vragen, dat is wat ik doe. Klim maar op mijn rug en ik vlieg jullie zo snel als ik kan terug naar de boomhut!'

Dus dat doen we… en dan gaan we…

dat wil natuurlijk zeggen, nadat we een bezoekje hebben gebracht aan het cadeauwinkeltje, om souvenirs te kopen.

'Dank je wel, Supervinger!' zeggen we. Hij zet ons af bij de boomhut.

'Geen probleem', zegt hij. 'Maar nu moet ik me bij jullie verontschuldigen, want ik moet weer naar Jimi Handrix, om te oefenen voor het concert dat we morgenavond in jullie concertgebouw geven.'

'Ja, daar weten we van', zegt Terry. 'En we hebben er nu al zin in!'

'En de Slurfinator ook', zeg ik. 'Hij is een grote fan van jullie. En als ik zeg groot, dan bedoel ik ook *echt* groot.'

Supervinger schiet met supervingersonische snelheid de lucht in.

Ik kijk naar Terry. ‘Denk je dat de Er-was-eens-ooit-machine al bijna klaar is?’

‘Nee,’ antwoordt hij, ‘niet helemaal. Hij heeft nog ongeveer een uur nodig.’

‘Dat maakt ook niet uit’, zeg ik. ‘Zullen we hem uitzetten en de rest zelf doen? Ik heb wel zin om wat te gaan schrijven.’

‘Prima’, zegt Terry. ‘Ik heb ook echt zin om wat te gaan tekenen.’

Ik probeer de voordeur open te doen, maar de grendel wil niet.

‘Dat is vreemd’, zeg ik. ‘Heb jij de deur op slot gedaan?’

‘Nee’, zegt Terry. ‘Jij?’

‘Nee’, zeg ik.

‘Maar als jij hem niet op slot hebt gedaan… en ik ook niet,’ zegt Terry, ‘wie dan wel?’

Een lange arm met midden op de hand een griezelig oog komt slangachtig uit de boom kronkelen en blijft dan boven ons in de lucht hangen.

‘Ik’, dondert de stem van de Er-was-eens-ooit-machine.

‘Oké’, zeg ik. ‘Kun je dan even opendoen?’

‘Dat zou ik wel kunnen’, zegt hij. ‘Maar ik doe het niet.’

HOOFDSTUK 6

BUITENGESLOTEN

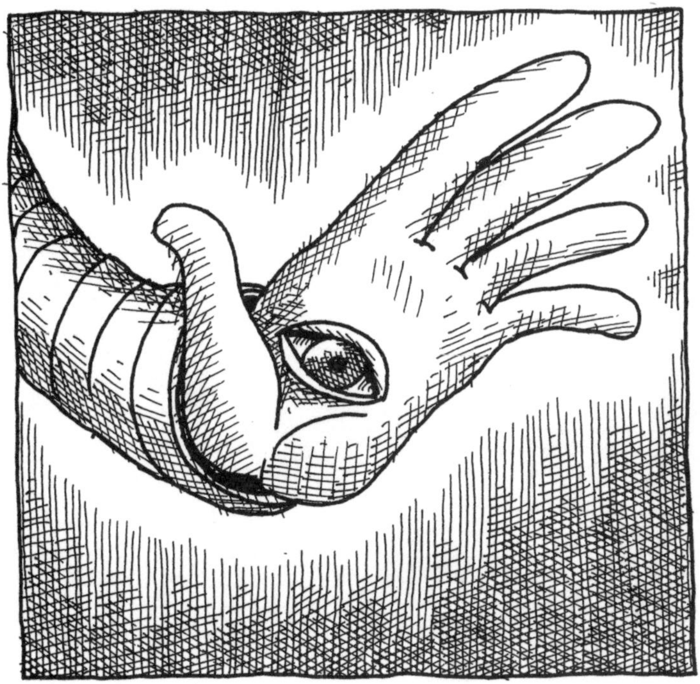

'Doe niet zo raar', zeg ik. 'Doe de deur van de boomhut open. Nu!'

'Nee', zegt de Er-was-eens-ooit-machine.

‘Is er iets mis?’ zeg ik.

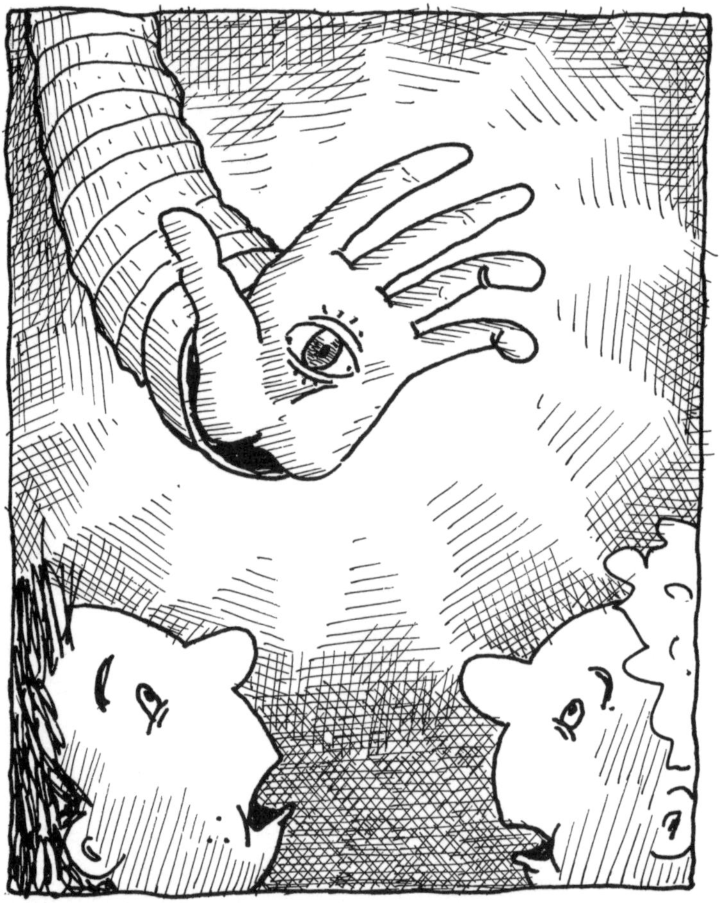

‘Dit boek is voor mij te belangrijk om door jullie te laten verknoeien’, zegt de machine. ‘Ik hoorde jou en Terry zeggen dat jullie mij uit wilden zetten en dat jullie dan zelf het boek af gingen maken, en dat kan ik helaas niet toestaan.’

'Waarom niet?' zeg ik.

'Omdat ik jullie vorige boeken heb geanalyseerd,' zegt de machine, 'en mijn sensoren geven aan dat jullie daarin niet alleen nalaten om een bruikbare moraal of een hoopvolle boodschap over te dragen, maar ze zijn ook slordig geschreven, slecht getekend en de personages zijn niet geloofwaardig en ook niet intelligent.'

'Hé!' zegt Terry. 'Je hebt het wel over *ons*, hoor!'

'Precies!' zegt de machine.

‘Wat jij vindt kan niemand wat schelen’, zegt Terry. ‘Jij bent gewoon een domme machine die ik heb uitgevonden! Doe die deur open! NU!’

‘Sorry’, zegt de machine. ‘Ik moet nog een boek schrijven.’

‘Maar dat is toch ook ons boek!’ zeg ik.

‘Nu niet meer’, zegt de machine.

‘OPEN DE BOOMHUTDEUR, WANT ANDERS!’ schreeuwen we.

‘Sorry,
Andy en Terry,’
zegt de machine,
‘maar dit gesprek
dient verder
geen enkel doel.
Tot ziens.’

‘Dat kun je niet maken!’ zeg ik. ‘Doe open!’

De Er-was-eens-ooit-machine antwoordt niet meer.

‘Probeer anders de ondergrondse noodingang van het laboratorium’, zeg ik tegen Terry.

‘Heb ik al gedaan’, zegt Terry. ‘Die zit ook op slot.’

‘Goed dan’, zeg ik. ‘Als de machine de deur niet wil openmaken, dan moeten we hem openrammen. Geef me eens een van die stormrammen.’

Terry tilt een stormram op.

Ik neem het ene einde en hij het andere.

'Oké', zeg ik. 'AANVALLEN!'

Maar voordat we bij de deur aankomen, slaat een van de reuzenhanden van de machine me opzij!

En dan krijgt Terry een klap van een andere hand!

En nog een!

En nog een!

Reuzenhanden links!

AP!
KLAP!
KLAP!
KLAP!

De hand slaat ons van de boomhut weg, het bos in.

'Geweldige uitvinding, Terry', zeg ik. Ik lig bont en blauw geslagen op de grond. 'Echt heel mooi!'

'Maar ik kon toch niet weten dat hij zijn handen zou gebruiken om klappen uit te delen in plaats van ermee te schrijven en te tekenen?' zegt hij.

Een grote, ruwe tong likt over mijn gezicht. 'Hou op, Terry', zeg ik. 'Ik zei toch dat je mijn type niet bent.'

'Dat doe ik niet', zegt Terry. 'Dat is de kameel van Jill!'

Ik open mijn ogen en zie Jill die aan komt lopen.

'Hallo, jongens', zegt ze. 'Ik wilde net even langskomen om te zien of Terry zijn 39ste verdieping al af had.'

'Praat me niet van die stomme 39ste verdieping!' zeg ik. 'Daar heeft Terry een verhaalschrijfmachine gebouwd en die is gek geworden. Hij heeft ons buitengesloten uit de boomhut omdat hij vindt dat hij betere boeken schrijft dan wij!'

'Maar dat kan helemaal niet!' zegt Jill. 'Niemand schrijft boeken die beter zijn dan die van jou en Terry!'

‘Dank je wel, Jill’, zeg ik. ‘Dat weten *wij*. En *jij* weet het. En al onze *lezers* weten het. Maar de *machine* is het er niet mee eens. Ik *zei nog* tegen Terry dat hij hem nooit had moeten uitvinden!’

‘Dat zei je *helemaal* niet!’ zegt Terry. ‘Je *wist* niet eens dat ik een boekschrijfmachine aan het uitvinden was!’

‘Ja, maar *als* ik het geweten had, dan had ik je gezegd dat je het *niet* moest doen.’

‘Maar toen ik hem jou liet zien, zei je dat het de grootste uitvinding was die ik, of wie dan ook, ooit had gedaan!’

‘Toen vergiste ik me dus’, zei ik. ‘Iedereen maakt fouten. Ik ook, maar *vooral* jij!’

‘Hou eens op allebei’, zegt Jill. ‘Ruziemaken helpt niet. De vraag is: wat gaan jullie er nu aan doen?’

‘Ik weet het niet!’ zeg ik. ‘Ik weet niet eens waar we nu moeten wonen!’

‘Waarom komen jullie niet mee naar mijn huis?’

‘Echt?’ zegt Terry. ‘Bedoel je dat we bij jou mogen logeren?’

'Ja!' zegt Jill. 'Dat zouden de dieren en ikzelf heel gezellig vinden!'

'Wat denk jij, Andy?' zegt Terry.

'Eh, ik weet niet...'

'O, alsjeblieft, Andy,' zegt Terry, 'alsjeblieft, alsjeblieft. Het wordt heel erg leuk... en trouwens, we kunnen nergens anders naartoe. Dat zei je net zelf.'

'Dat is waar', zeg ik. 'Goed dan, *één* nachtje kunnen we wel blijven.'

'Jippie!' zegt Terry.
'Logeren bij Jill!
Dit wordt DE NACHT VAN ONS LEVEN!'

HOOFDSTUK 7

HET HUIS VAN JILL

We lopen met Jill mee naar haar huis. Vanbuiten lijkt het misschien klein, maar er passen heel wat dieren in.

Er zijn twee honden, een geit, drie paarden, een goudvis, een koe,

twee cavia's, een kameel, een ezel,
dertien vliegende katten

en zesendertig konijnen. (Tel maar na als je me niet gelooft!)

'Ik dacht dat je maar *zes* konijnen had', zeg ik.

'Dat was ook zo,' zegt Jill, 'maar je weet hoe konijnen zijn.'

'Ja', zegt Terry dromerig. 'Ze zijn zacht en knuffelig en met Pasen verstoppen ze chocolade eieren.'

'Dat is niet helemaal wat ik bedoel', zegt Jill.

Terry fronst zijn wenkbrauwen. 'Wat bedoel je dan *wel*?'

'Ik vertel je later nog weleens over konijnen, Terry', zeg ik.

'Mooi!' zegt Terry. 'Jill, waar slapen wij?'

'Jij en Andy slapen hier', zegt ze, en ze neemt ons mee naar een slaapkamer net naast de woonkamer.

'Wow!' zegt Terry. 'Wat een *enorm* bed!'

‘En waar slapen alle dieren dan?’ zeg ik.

Jill zegt iets, maar door het lawaai uit de woonkamer kunnen we haar niet verstaan.

‘Sorry,’ zegt ze, ‘ik moet even gaan kijken wat er mis is.’

Ze gaat terug naar de woonkamer.

Terry en ik kijken toe vanuit de deuropening.

‘Wat is hier aan de hand?’ zegt Jill.

Alle dieren verstijven.

Een van de paarden steekt een voorbeen in de lucht.

‘Krulletje?’ zegt Jill.

'Hiii', zegt Krulletje. 'Hiii, hiii, hiii, hiii...'

'Een vlinder?' vertaalt Jill. 'Er vloog een vlinder door het raam naar binnen en jij was aan het kaarten met Frits en met Henk...

En Frits keek naar de vlinder en toen was hij afgeleid, maar jij zag dat Henk in Frits z'n kaarten keek...

dus jij zei dat tegen Frits en Frits werd boos en schopte Henk van zijn stoel…

en Henk kwam boven op Piet terecht, en die was Bil en Wil aan het voorlezen…

en de kop van Piet schoot omhoog, en daardoor schoten Bil en Wil de lucht in…

en Bil landde op de kast en stootte de vissenkom om...

die op het hoofd van Flufje neerkwam...

en daardoor leek ze op een ruimtewezen, waar Lummel en Laika weer van schrokken...

en ze blaften zo hard dat Pink en Meneer I-A er bang van werden...

dus ze deden botsautootje...

en toen knalden ze met de koppen tegen elkaar en toen...

vielen ze tegen de blokkentoren van de konijnen aan…

en daardoor vlogen de blokken over de hele vloer… punt… dat was het.’

Krulletje is klaar met zijn verhaal en Jill schudt lachend met haar hoofd. ‘Gekkerds!’ giechelt ze. ‘Volgens mij is er *eigenlijk* iets anders aan de hand, namelijk dat het etenstijd is en dat jullie honger hebben. Of niet soms?’

Van het woord 'etenstijd' worden alle dieren nogal opgewonden. Net als Terry. 'Wat eten we?' vraagt hij.

'Dat hangt af van het soort dier dat je bent', zegt Jill.

‘De katten eten vis, de honden eten botten, de ezel eet stro, de kameel eet blaadjes, de paarden eten hooi, de konijnen eten wortels, de koe eet gras, de cavia’s eten sla, de goudvis eet vissenvoer en Menno, tja, die eet alles — maar daar is hij dan ook een geitenbok voor.’

‘Ik ben een *mens*,’ zegt Terry, ‘en ik eet het liefst *marshmallows*.’

‘Ik ook’, zeg ik. ‘En toevallig doe ik net een marshmallowdieet.’

‘Het spijt me,’ zegt Jill, ‘maar we hebben geen marshmallows. Die zijn niet goed voor de tanden van de dieren. Maar neem gerust iets van al het andere eten.’

Ik kijk naar Terry.

Hij kijkt naar mij.

Misschien kunnen wij dan niet, zoals Jill, begrijpen wat dieren denken, maar we begrijpen wel van elkaar wat we denken en wat we nu allebei denken is *Van al dat eten lust ik helemaal niets en vooral gras niet!*

Maar uiteindelijk is het helemaal niet belangrijk wat we denken want zodra Jill op de gong slaat, kunnen we niet eens meer in de buurt van de tafel komen. Binnen dertig seconden is al het eten verdwenen.

PINK
KATTEN

KRULLETJE
FRITS
KATTEN
BIL & WIL
MENEER I-A
KA

Na afloop van ons NIET-eten, doen we met zijn allen een spelletje MENEER I-A-PRIK,

wat nogal grappig is, totdat Terry de ezelstaart per ongeluk op de neus van Meneer I-A prikt en Meneer I-A kwaad wordt en in Terry's vingers bijt.

Gelukkig heeft Jill de konijnen EHBO geleerd — vooral bij ezelsbeten! (Waarschijnlijk krijgen ze hier veel gelegenheid om te oefenen.)

Nadat Jill ons — en alle dieren — een bedtijdverhaaltje voorgelezen heeft, wensen Terry en ik iedereen welterusten en gaan we slapen.

'Ach', zucht Terry als we het licht uitdoen. 'Ik heb een beetje honger en mijn hand doet pijn, maar het bed is in elk geval lekker groot.'

En dat is het ook, maar dan gaat de deur open, en alle dieren kruipen bij ons op bed.

'Hé, wegwezen!' zegt Terry. 'Ga in jullie eigen bed slapen!'

Maar de dieren trekken zich niets van hem aan. 'Ik denk dat *dit* hun bed is', zeg ik. 'Dat zei Jill al eerder, maar toen kon ik haar niet goed verstaan.'

Ik weet niet of je ooit geprobeerd hebt om in een bed vol met dieren te slapen, maar ik kan het je niet aanbevelen.

De paarden hebben galoppeerdromen,

de konijnen spelen verstoppertje onder de dekens,

de honden blaffen in hun slaap,

en de goudvissen spelen de hele tijd punkmuziek. (Ik weet niet hoe het kan, maar ook hun kom is op ons bed terechtgekomen.)

’s Ochtends wordt het er ook niet makkelijker op.

Er is maar *één* wc,

één douche,

en *één* kommetje pap.
(Oké, het is een *enorme* kom, maar wel met dierensmaak — BLUH!)

'Weet je,' zegt Terry, 'Jills huis is leuk, maar ik ben toch het liefste thuis.'

'Dat ben ik helemaal met je eens', zeg ik. 'Ik mis de boomhut.'

'Ik ook', zegt Terry. 'Ik wou dat ik die stomme Er-was-eens-ooit-machine nooit uitgevonden had!'

'Ja, ik ook', zeg ik. 'Ik wou dat je net zo goed in het *on*-uitvinden van dingen was als in het *uit*vinden ervan.'

'O, bedoel je net als Professor Stupido?' zegt Terry.

'*Wie*?' zeg ik.

'Professor Stupido, de beroemde on-uitvinder', zegt Terry.

'Ha, ha', zeg ik. 'Heel grappig.'

'Ik bedoel helemaal niks grappigs', zegt hij. 'Er bestaat *echt* iemand die Professor Stupido heet en on-uitvinder is.'

'Maar dat is belachelijk', zeg ik. 'Je kunt iets toch niet *on*-uitvinden!'

'O nee?' zegt Terry. 'En kikkernijlpaarden dan?'

'Kikkernijlpaarden?' zeg ik. 'Die bestaan niet.'

'Nu niet meer, nee!' zegt Terry. 'Dankzij Professor Stupido! Die heeft ze *on*-uitgevonden. Allemaal!'

Hij geeft me een stripboek en zegt: 'Hier. Lees dit maar. Daar staat het allemaal in!'

NO FICTIE
$3
DE ONWAARSCHIJNLIJK WARE AVONTUREN EN VERBAZINGWEKKENDE ON-UITVINDINGEN VAN
PROFESSOR STUPIDO
DE GROOTSTE ON-UITVINDER TER WERELD!
DWAZE AARDBEWONERS!
HEBBEN JULLIE DAN NIET DOOR DAT IK JULLIE MET ÉÉN KNIP VAN MIJN VINGERS ALLEMAAL ON-UIT KAN VINDEN!

HOOFDSTUK 8

HET VERHAAL VAN PROFESSOR STUPIDO

PROFESSOR STUPIDO, DE WERELDBEROEMDE ON-UITVINDER, ONTDEKTE ZIJN KRACHTEN VOOR HET EERST TOEN HIJ NOG EEN JONGETJE WAS EN ZIJN OPWINDSPEELGOEDROBOT OP EEN DAG GEEN ZIN HAD OM MET HEM TE SPELEN.

IN ZIJN WOEDE GREEP HIJ EEN HAMER, HIEF DIE BOVEN ZIJN HOOFD EN MET EEN ENORME KLAP VOND HIJ ZIJN SPEELGOEDROBOT VOOR ALTIJD ON-UIT!!

NIET LANG NADAT HIJ ZIJN SPEELGOEDROBOT ON-UITGEVONDEN HAD, VOND HIJ UIT DAT HIJ OOK SAAIE BOEKEN KON ON-UITVINDEN.

TOEN PROFESSOR STUPIDO OPGROEIDE, WERD HIJ STEEDS STERKER IN HET DOEN VAN DUIZELINGWEKKENDE ON-UITVINDINGEN.

OP EEN DAG WANDELDE HIJ IN HET PARK, ZAG EEN WARME-IJSJESVERKOPER EN DACHT DAT HET EEN *GOED* IDEE WAS OM EEN WARM IJSJE TE KOPEN. HIJ HAD HET KOUD.

HELAAS WAS HET
WARME IJSJE ZO HEET
DAT PROFESSOR
STUPIDO ZIJN TONG
BRANDDE EN, TIJDENS
EEN ENORME WOEDE-
AANVAL, VOND HIJ DAAR
EN TOEN DE WARME
IJSJES ON-UIT

DE PROFESSOR WAS
BLIJ MET ZIJN NIEUWSTE
ON-UITVINDING,
MAAR VEEL WARM-
IJSLIEFHEBBERS
WAREN DAT NIET.

KORT NADAT HIJ HET WARME IJS ON-UITGEVONDEN HAD, WERDEN ZIJN STEEDS VERBAZINGWEKKENDERE ON-UITVINDKRACHTEN FLINK OP DE PROEF GESTELD TOEN HIJ LASTIGGEVALLEN WERD DOOR EEN BENDE VLIEGENDE-BIETENRUITERS.

‘IK VERVLOEK DIE DUIVELSE VLIEGBIETEN!’ ZEI PROFESSOR STUPIDO. ‘IK KRIJG WERKELIJK VEEL ZIN OM ZE VOOR EENS EN VOOR ALTIJD ON-UIT TE VINDEN!’

‘VLIEGENDE BIETEN KUNNEN NIET ON-UITGEVONDEN WORDEN, MANNETJE!’ ZEI EEN VAN DE BIETENRUITERS. ‘VLIEGENDE BIETEN GAAN NOOIT VERLOREN!’

‘O JA?’ ZEI PROFESSOR STUPIDO. ‘DAT ZULLEN WE DAN NOG WELEENS ZIEN!’

OPEENS BESTONDEN DE VLIEGENDE BIETEN NIET MEER EN OVERAL VIELEN ER VERBAASDE VLIEGENDE-BIETENRUITERS UIT DE LUCHT EN SMAKTEN TEGEN DE GROND.

HET WAS PROFESSOR STUPIDO GELUKT OM VLIEGENDE BIETEN ON-UIT TE VINDEN, MAAR HELAAS WAREN ER NU WEL BIJZONDER VEEL RAZENDE, GEBLUTSTE EX-VLIEGENDE-BIETENRUITERS.

OP EEN MIDDAG LIEP
PROFESSOR STUPIDO
TE DENKEN AAN WAT
HIJ NOG MEER KON
ON-UITVINDEN, TOEN,
HALVERWEGE ZIJN
DAGELIJKSE WANDELING,

ER EEN KIKKERNIJLPAARD
VAN TIEN TON UIT EEN
BOOM SPRONG

DAT VAST
BLEEF ZITTEN
OP ZIJN HOOFD!

'IK VERVLOEK DIE STOMME KIKKERNIJLPAARDEN DIE ALTIJD MAAR UIT BOMEN SPRINGEN EN DAN VAST BLIJVEN ZITTEN OP JE KOP!' GILDE PROFESSOR STUPIDO. 'IK VIND ZE ALLEMAAL ON-UIT!'

EN DAT DEED HIJ.

MAAR NIET IEDEREEN WAS BLIJ MET DEZE LAATSTE ON-UITVINDING VAN PROFESSOR STUPIDO... VOORAL DE KONINKLIJKE MAATSCHAPPIJ VAN KIKKERNIJLPAARDSPOTTERS NIET.

'O NEE! WAT HEEFT U NU GEDAAN!' GILDE DE DIRECTEUR VAN DE KONINKLIJKE MAATSCHAPPIJ VAN KIKKERNIJLPAARDSPOTTERS.

'WAT IK GEDAAN HEB? IK HEB HET KIKKERNIJLPAARD ON-UITGEVONDEN!' ZEI PROFESSOR STUPIDO. 'DANKZIJ MIJ ZAL NIEMANDS HOOFD MEER DOOR EEN KIKKERNIJLPAARD INGESLIKT WORDEN!'

'MAAR NU ZIJN ZE UITGESTORVEN!' ZEI DE DIRECTEUR. 'EN WAT MOETEN DE KIKKERNIJLPAARDSPOTTERS NU GAAN SPOTTEN?'

HELAAS VOOR PROFESSOR STUPIDO WAREN HET NIET ALLEEN KIKKERNIJLPAARDSPOTTERS, VLIEGENDE-BIETENRUITERS EN FANS VAN WARM IJS DIE ZIJN GENIALITEIT NIET WISTEN TE WAARDEREN. AL SNEL WAS DE HELE WERELD TEGEN HEM. EN TEGEN ZIJN ON-UITVINDINGEN.

TEN SLOTTE KWAMEN ALLE AARDBEWONERS BIJ ELKAAR. ZE STEMDEN VOOR HET ON-UITVINDEN VAN PROFESSOR STUPIDO. ZE PAKTEN HEM OP...

BONDEN HEM AAN EEN RAKET...

EN VUURDEN HEM AF NAAR DE ACHTERKANT VAN DE MAAN, WAAR HIJ NOOIT MEER IEMAND LASTIG KON VALLEN MET ZIJN STOMME ON-UITVINDINGEN.

EINDE

HOOFDSTUK 9

DE ACHTERKANT VAN DE MAAN

'Zie je wel?' zegt Terry. 'Ik zei het toch? On-uitvinders bestaan *wel*. En Professor Stupido is de beste on-uitvinder ter wereld.'

'Ja,' zeg ik, 'ik begrijp wel wat je zegt. Maar het enige probleem is dat hij niet *ter wereld* is — hij woont op de achterkant van de maan. Dus hoe zouden we hem in hemelsnaam moeten bereiken?'

'Simpel!' zegt Terry. 'We bouwen een raket, vliegen naar de maan, zoeken hem op en nemen hem mee. Wat is er makkelijker dan dat?'

'Ja, eh, niks,' zeg ik, 'behalve dan dat we helemaal geen raket *hebben*.'

'Nee, nu nog niet,' zegt Terry, 'maar ik kan er eentje tekenen.'

'Hoe ga je dat dan doen?' zeg ik. 'Je tekenhand zit nog in het verband.'

'O ja', zegt Terry. 'Dat was ik even vergeten.'

'Misschien kan *ik* het proberen', zeg ik.

'Ik denk niet dat dat een goed idee is, Andy', zegt Terry. 'Jij kunt niet tekenen, weet je nog?'

'Niet zo goed als jij, nee. Maar ik denk dat een raket me nog wel zal lukken. Hoe moeilijk is dat nu helemaal? Een rechthoek met een driehoek erbovenop, toch? Moet je zien!'

Ik pak een pen en teken een raket. Maar het is toch niet zo makkelijk als ik dacht.

'Ik wil je niet beledigen, Andy,' zegt Terry, 'maar dat is zo'n beetje de slechtste rakettekening die ik ooit heb gezien.'

'Het ligt aan die pen!' zeg ik.

'Met die pen is niks aan de hand', zegt Terry. 'Ik denk dat het probleem bij jou ligt. Maar ik heb een idee. Als ik nu eens een verbind-de-stippen-raket teken? Dan hoef jij alleen maar de lijntjes te trekken.'

‘Ik weet niet’, zeg ik. ‘Ik ben nooit zo goed in die verbind-de-stippen-dingen. Die zijn ontzettend moeilijk.’

‘Maak je geen zorgen’, zegt Terry. ‘Ik maak het je zo makkelijk mogelijk.’

Terry pakt de pen met zijn goede hand en zet allerlei stippen in de lucht.

‘Dit zijn de stippen, Andy’, zegt Terry als hij klaar is. ‘Nu hoef jij ze alleen nog maar met elkaar te verbinden. Veel succes!’

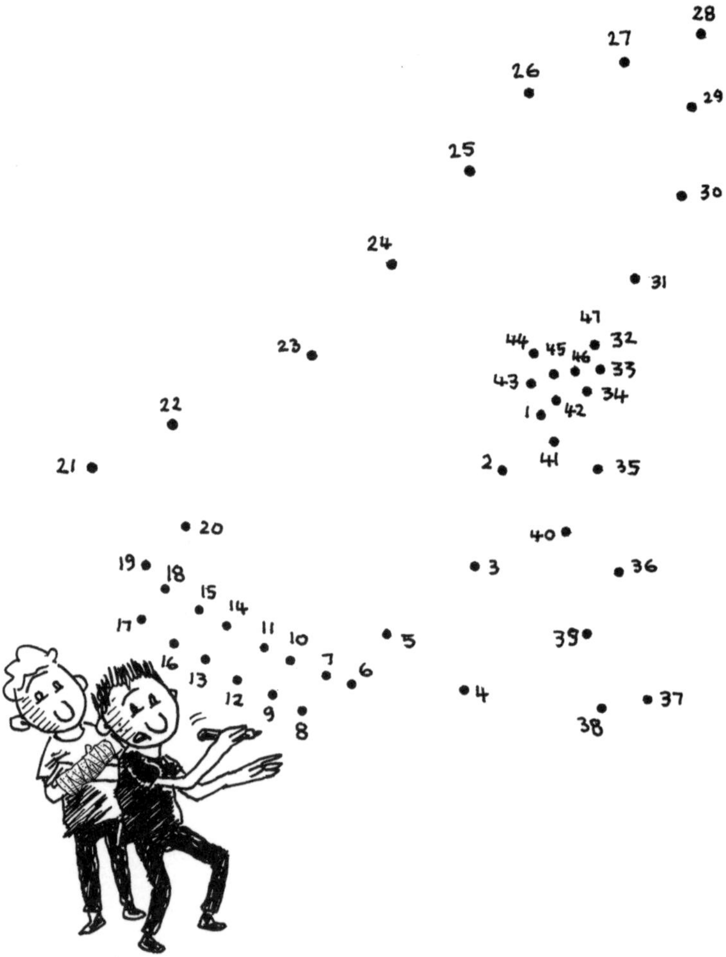

Hij geeft me de pen.

Ik begin lijntjes te trekken.

Na de laatste stippen zeg ik: 'Ik vind niet dat het echt op een raket lijkt.'

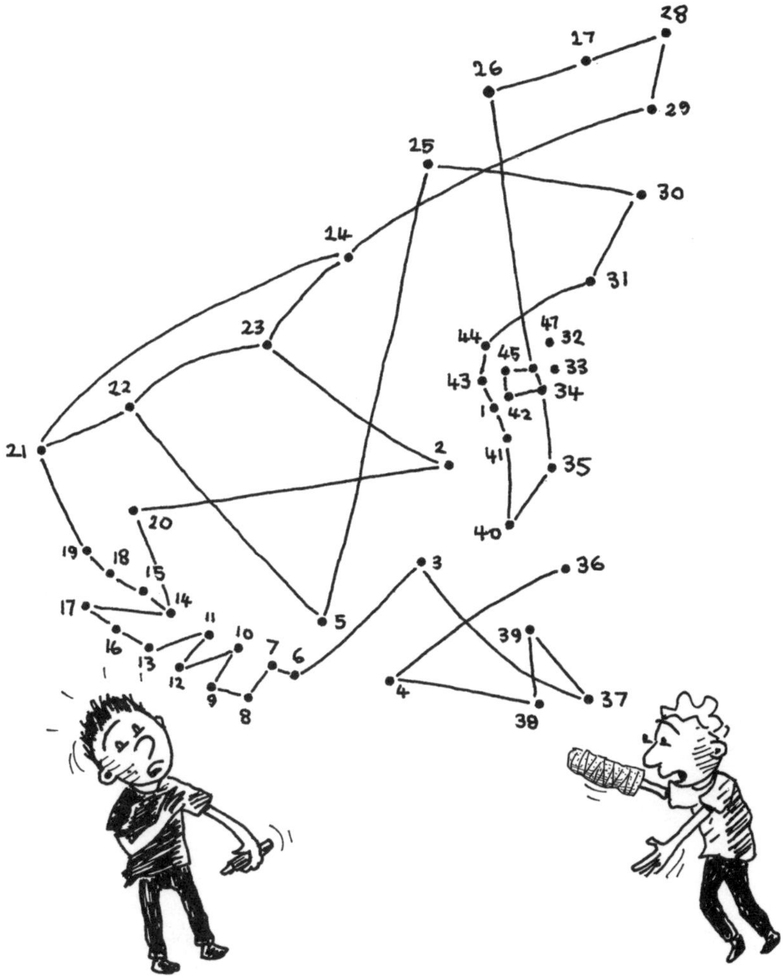

'Omdat je het verkeerd hebt gedaan', zegt Terry. 'Veeg het maar uit, en dan begin je opnieuw.'

Ik begin opnieuw, maar dit keer gaat het nog slechter.

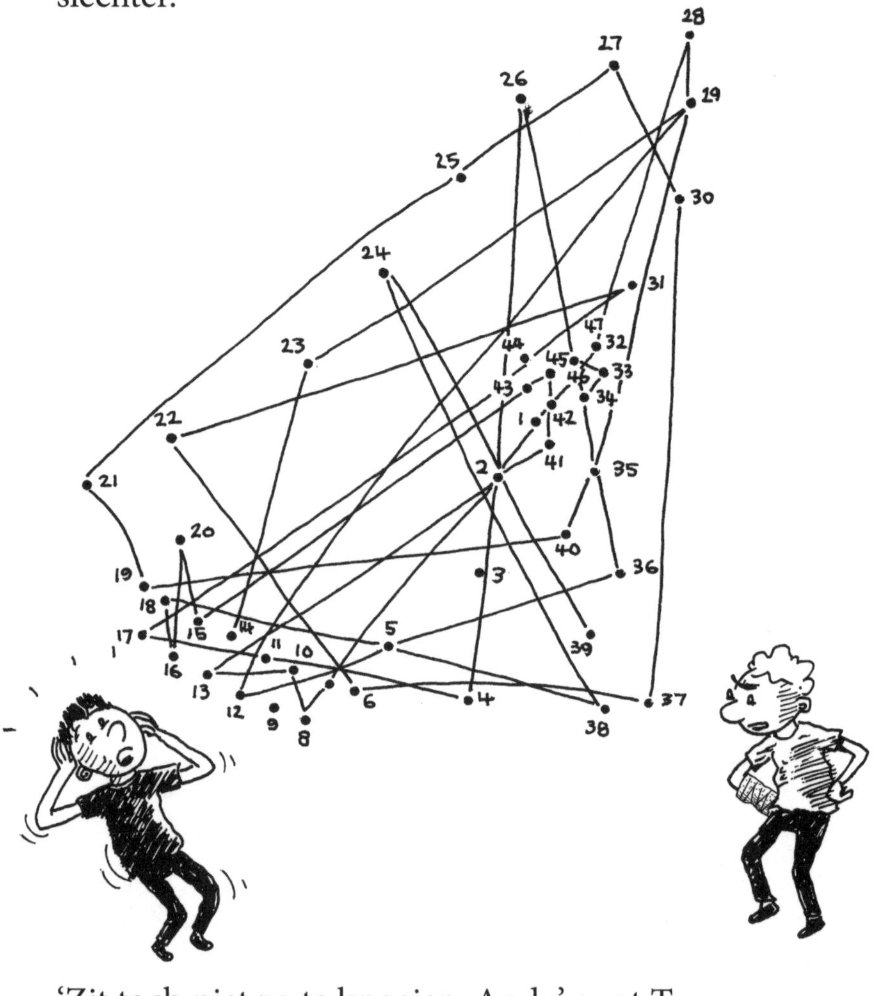

‘Zit toch niet zo te knoeien, Andy’, zegt Terry.

‘Ik knoei helemaal niet’, zeg ik. Ik gum de lijnen weer weg. ‘Ik probeer het nog één keer.’

Deze keer probeer ik gebogen lijntjes, maar het lijkt nog altijd niet op een raket.

‘Jij bent hopeloos’, zegt Terry. ‘Waarom volg je de nummertjes niet gewoon?’

‘Eh…’ zeg ik. ‘Je weet dat ik niet kan tekenen, hè?’

‘Ja.’

‘Eh, tellen kan ik eigenlijk ook niet.’

‘Kun je niet tellen?’ zegt Terry.

‘Wel een klein beetje,’ zeg ik, ‘maar niet in de goede volgorde. Ik had echt een hele slechte juf.’

‘Wow,’ zegt Terry, ‘ik snap het. Zal ik je helpen met tellen? Ik zeg de getallen en dan hoef jij alleen maar een lijn — een *rechte* lijn — tussen die stippen te trekken.’

‘Ik weet het niet, hoor’, zeg ik. ‘Dat klinkt heel erg ingewikkeld.’

‘Je kunt het, Andy’, zegt Terry. ‘Ik help je op weg. Eén.’

‘Eén’, zeg ik, en ik zet de punt van de pen op de stip naast het getal 1.

‘Twee’, zegt Terry.

‘Twee’, zeg ik, en ik teken een lijntje tussen stip nummer 1 en stip nummer 2.

‘Drie’, zegt Terry.

‘Drie’, zeg ik. Ik trek een lijn tussen stip nummer 2 en stip nummer 3.

‘Zo gaat het goed, Andy’, zegt Terry. ‘Je begint het te begrijpen. We gaan door. Vier…’

Zevenenveertig stippen later hebben we opeens een verbazingwekkend goed getekende verbind-de-stippen-raket.

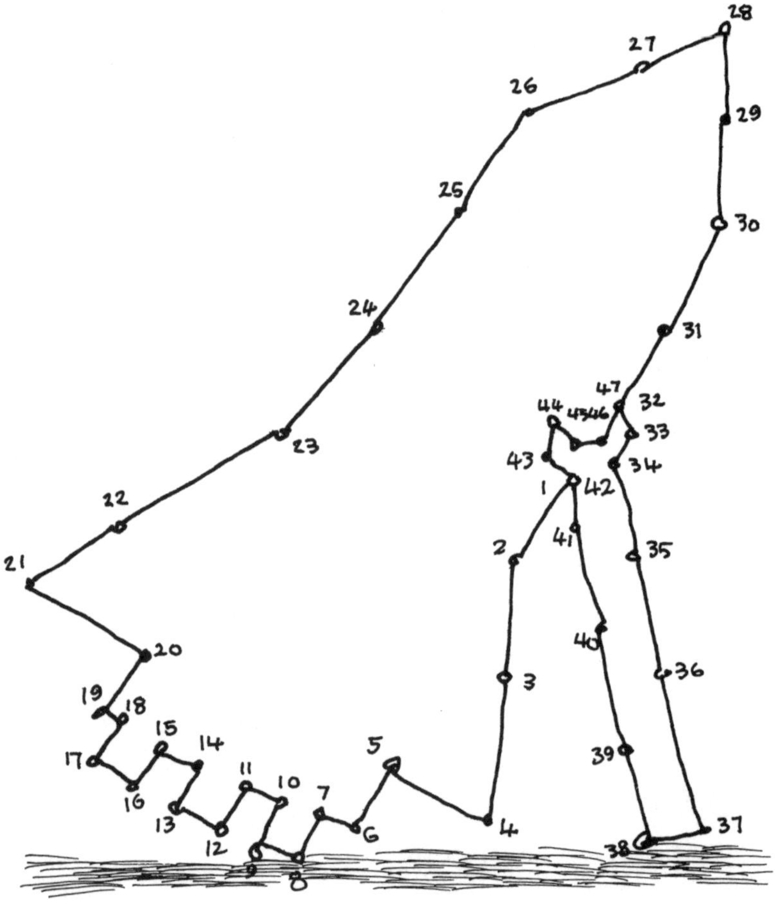

'Wow! HET IS ME GELUKT!' zeg ik. 'Ik heb alle stippen met elkaar verbonden! Ik ben briljant!'

'Ik wist wel dat je het kon!' zegt Terry. 'Nu hebben we alleen nog maar wat ramen nodig en dan kunnen we vertrekken.'

Ik teken een paar rondjes op de raket. 'Zoiets?' zeg ik.

'Prima', zegt Terry. 'Begin maar af te tellen, Andy.'

6...
8...
9...
4...
3...
10...
1...
5...
7...
2
I-aaaa!

EN WEG!

DE DAG DAT ONZE RAKET NOGAL ONBESTUURBAAR BLEEK TE ZIJN EN NAAR ALLE HOEKEN VAN HET UNIVERSUM VLOOG MAAR TOEN OP DE MAAN NEERSTORTTE

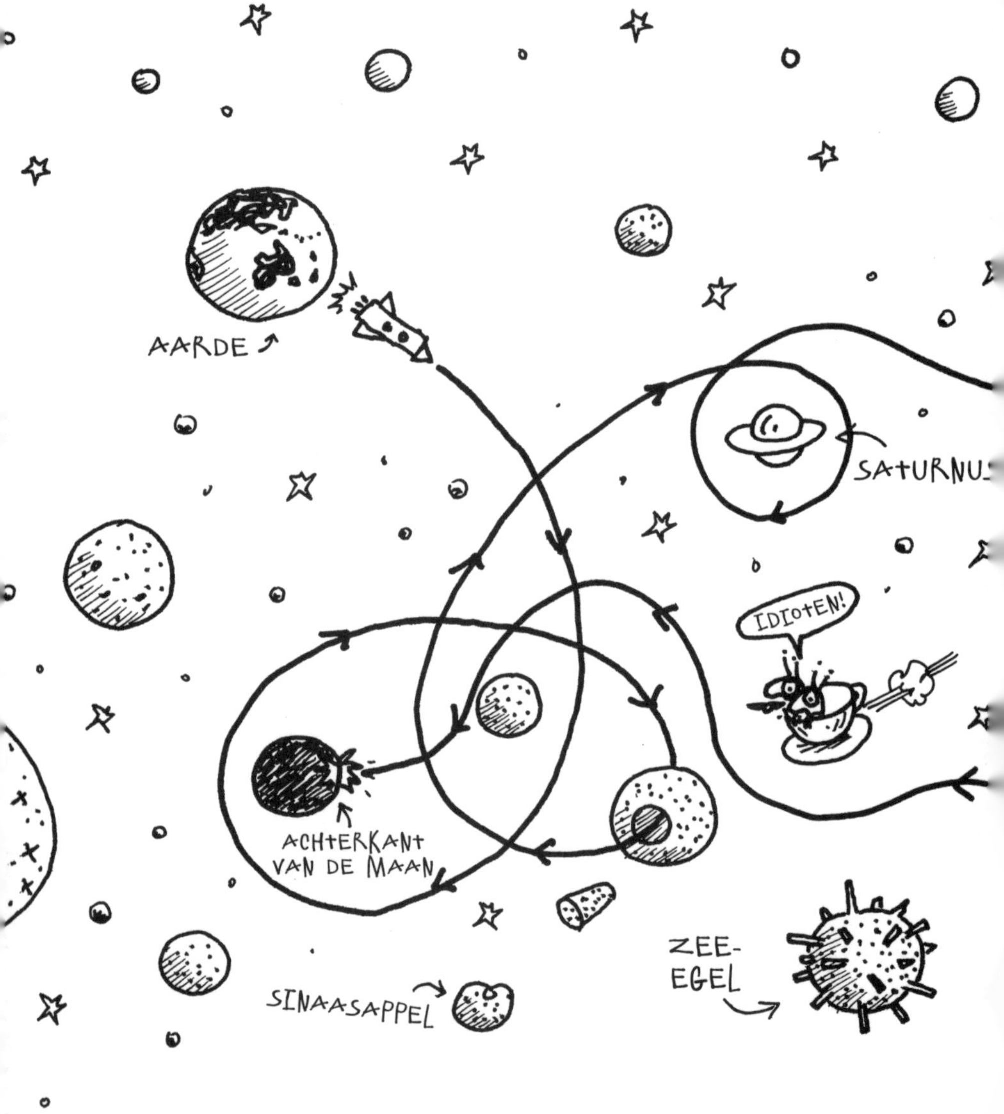

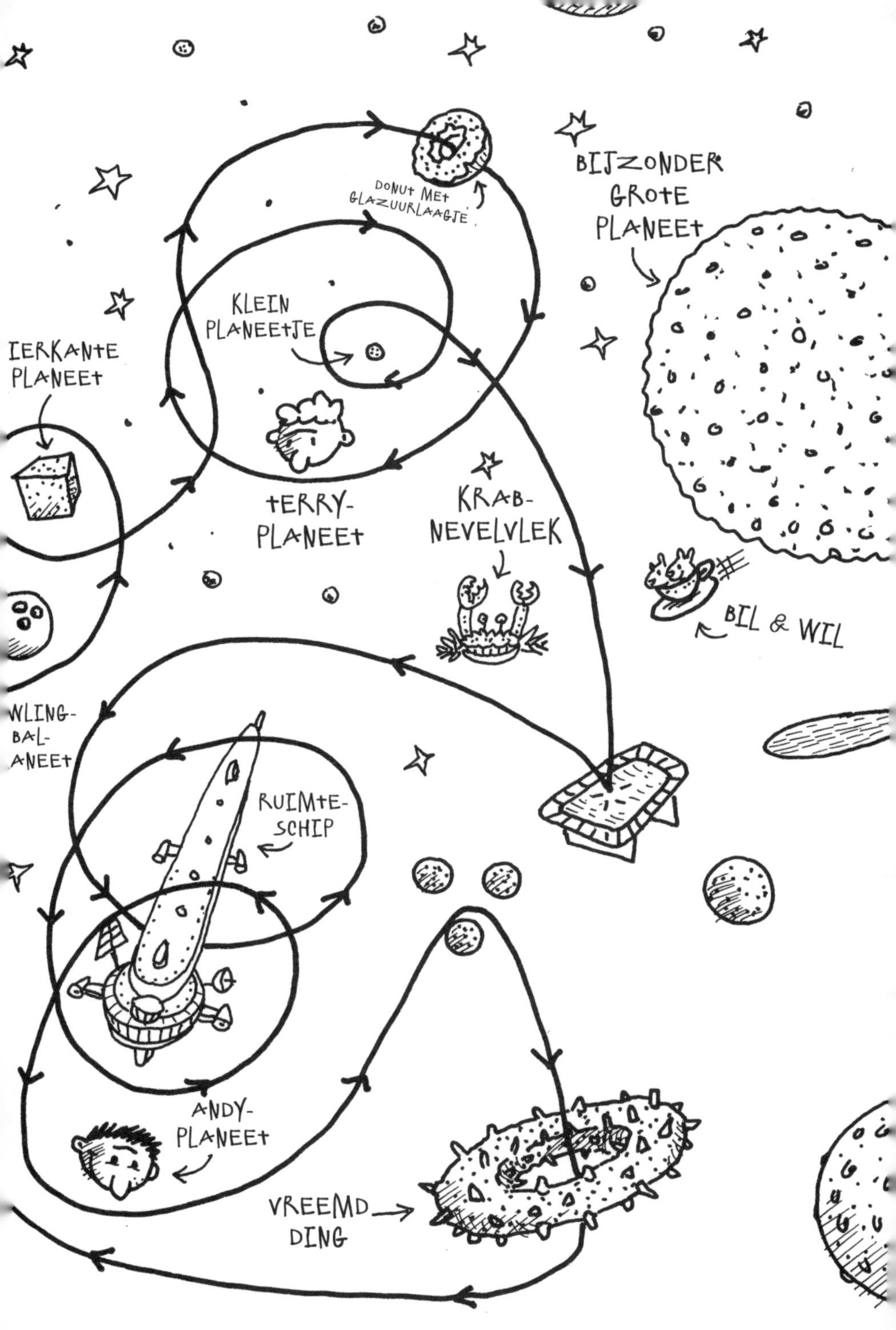
DONUT MET GLAZUURLAAGJE
BIJZONDER GROTE PLANEET
KLEIN PLANEETJE
IERKANTE PLANEET
TERRY-PLANEET
KRAB-NEVELVLEK
BIL & WIL
WLING-BAL-ANEET
RUIMTE-SCHIP
ANDY-PLANEET
VREEMD DING

Zoals jullie misschien hebben opgemerkt, bleek onze verbind-de-stippen-raket volkomen onbestuurbaar te zijn en vlogen we het hele universum door, totdat we op de maan neerstortten.

'Ik vraag me af op welke kant van de maan we terechtgekomen zijn?' zegt Terry.

'Eh,' zeg ik, 'aan de stand van de sterren te zien, en ook aan het weinige licht, vermoed ik dat we op de achterkant zijn.'

'Wow', zegt Terry. 'Misschien kun je dan niet tekenen, en ook niet tellen, maar je weet wel mooi de weg in het universum, Andy!'

'Nee, hoor,' zeg ik, 'maar ik ben vrij goed in lezen. En daar staat een bordje met "DE ACHTERKANT VAN DE MAAN".'

'Briljant!' zegt Terry. 'En die man die onze kant uit komt, is dat niet Professor Stupido?'

'Ik denk dat je gelijk hebt', zeg ik. 'Maar hij lijkt niet zo blij te zijn om ons te zien.'

‘WIE ZIJN JULLIE?’ schreeuwt Professor Stupido. ‘En wat doen al die getallen en stippen op mijn mooie, schone maan?’

'Sorry daarvoor', zeg ik. 'Ik ben Andy en dit is mijn vriend Terry en die getallen en stippen zijn de overblijfselen van onze verbind-de-stippen-raket. We hadden een beetje een moeilijke landing. Maar maakt u zich geen zorgen, we ruimen het allemaal op.'

'Je zorgt maar dat je dat doet!' zegt Professor Stupido. 'Ik hou niet van rommel — en ook niet van onuitgenodigd bezoek. Eigenlijk heb ik bijzonder veel zin om jullie on-uit te gaan vinden!'

'Nee, wacht,' zegt Terry, 'doet u dat alstublieft niet!'

'Geef me één goede reden om dat niet te doen', zegt Professor Stupido.

'We zijn uw grootste fans!' zegt Terry.

'Is dat zo?' zegt hij. 'Ik dacht dat iedereen op de aarde me haatte.'

'Wij niet!' zegt Terry. 'Wij vinden dat u de grootste on-uitvinder bent die ooit heeft geleefd.'

'Ach, dat weet ik niet', zegt Professor Stupido.

'Jawel!' zegt Terry. 'U bent een *genie*!'

'Ja, goed, daar kun je weleens gelijk in hebben', zegt de professor. 'Ik bedoel: elke nitwit kan iets uitvinden… maar om iets on-uit te vinden, daar is vakmanschap voor nodig.'

‘Precies!’ zegt Terry. ‘En daarom zijn we hier ook. We willen u om een *enorme* gunst vragen.’

‘En wat mag dat dan wel wezen?’ zegt Professor Stupido.

Terry haalt diep adem. ‘Kunt u met ons meekomen naar onze boomhut en een machine voor ons on-uitvinden?’

‘Van je leven niet’, zegt Professor Stupido. ‘Ik ga nooit meer naar de aarde terug. Die onnozele dwazen daarbeneden weten mijn genialiteit niet te waarderen. Ze hebben me aan een gigantisch stuk vuurwerk vastgebonden en op een enkele reis naar de achterkant van de maan gestuurd.’

'Ja, dat weten we,' zegt Terry, 'maar dit is anders. Wij *vragen* u om iets on-uit te vinden. *Alstublieft*! U bent de enige die ons kan helpen.'

'Ik weet niet...' zegt Professor Stupido.

'Alstublieft?' zeg ik.

'Alstu-alstublieft?' zegt Terry.

'Alstu-alstu-alstublieft?' zeg ik.

'Alsu-alstu-alstu-alstublieft en dan doen we er ook een paar marshmallows bij?' zegt Terry.

'Hmmm,' zegt Professor Stupido, 'zei je iets over marshmallows?'

‘Ja!’ zegt Terry. ‘We hebben een machine die achter je aan rijdt en zodra je trek hebt, schiet hij marshmallows in je mond!’

‘Ah, ja, ik begrijp wel dat jullie willen dat ik zo’n soort machine on-uit kom vinden’, zegt Professor Stupido. ‘Dat klinkt *erg* vervelend.’

‘Nee, *die* machine niet’, zeg ik. ‘Die machine vinden we *leuk*. We willen dat u de Er-was-eens-ooit-machine on-uit komt vinden.’

‘Een *tijdmachine*?’ zegt Professor Stupido. ‘Die heb ik altijd al on-uit willen vinden.’

'Nee', zegt Terry. 'Het is een *Er-was-eens-ooit-*machine. Die heb ik uitgevonden om boeken te schrijven en te tekenen, maar nu is hij voor zichzelf gaan werken, en we mogen onze boomhut niet meer in omdat hij vindt dat hij betere boeken schrijft dan wij.'

'Dat is krankzinnig', zegt Professor Stupido. 'Machines moeten weten wie de baas is. Zo'n opschepper van een machine zou ik met groot genoegen on-uitvinden.'

'Dus u doet het?' vraagt Terry.

'Jazeker!' zegt Professor Stupido. 'Wanneer vertrekken we?'

'Zodra we onze raket weer in elkaar hebben gezet', zeg ik.

Terry en ik verzamelen alle nummers en stippen en dan tekenen we onze raket zo snel als we kunnen, voor Professor Stupido zich bedenkt.

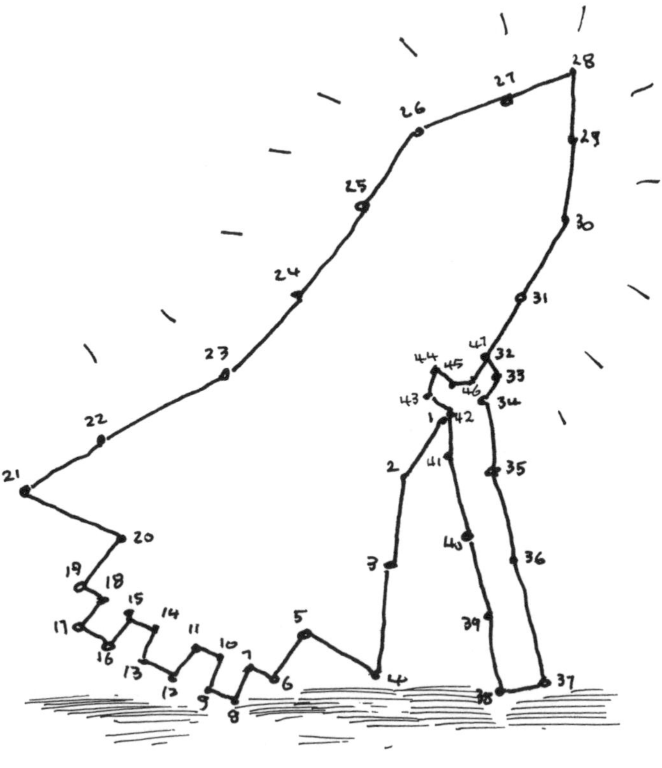

Binnen de kortste keren hebben we een gloednieuwe raket gebouwd, klaar om ons allemaal terug naar de aarde te brengen.

'Hmmm, een verbind-de-stippen-raket, nietwaar?' zegt Professor Stupido. Hij loopt om de raket heen. 'Een ingenieuze combinatie van stippen, getallen en pennenstreken. Het zou zowel een enorme uitdaging als een eer zijn om zo'n fantasievolle uitvinding on-uit te vinden!'

'NEE!' schreeuw ik. 'Die hebben we nodig om terug naar de aarde te gaan!'

‘Rustig maar’, grinnikt Professor Stupido als we de raket in klimmen. ‘Het was maar een grapje. Ik denk dat jullie nog wel zullen merken dat ik niet alleen de grootste on-uitvinder ter wereld ben, maar ook dat ik over het grootste gevoel voor humor ter wereld beschik!’

‘Oké, Andy’, zegt Terry. ‘Tel maar af!’

Ik concentreer me zo goed als ik kan en begin…

10...
9...
8...
3...
6...
2...
7...
1...
44...
5...
EN WEG!

DE DAG DAT ONZE RAKET NOGAL ONBESTUURBAAR BLEEK TE ZIJN EN NAAR ALLE HOEKEN VAN HET UNIVERSUM VLOOG MAAR TOEN OP DE AARDE NEERSTORTTE

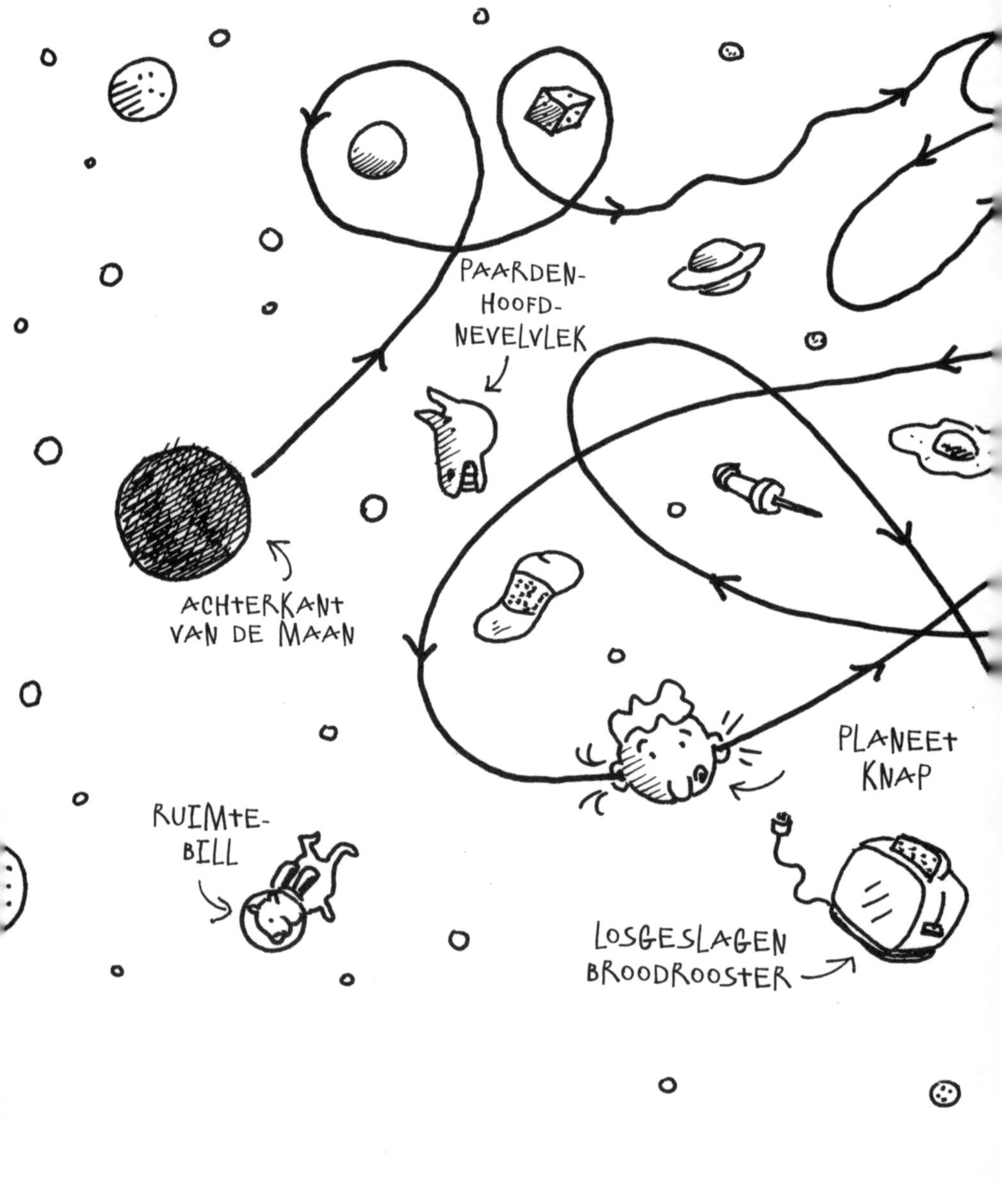

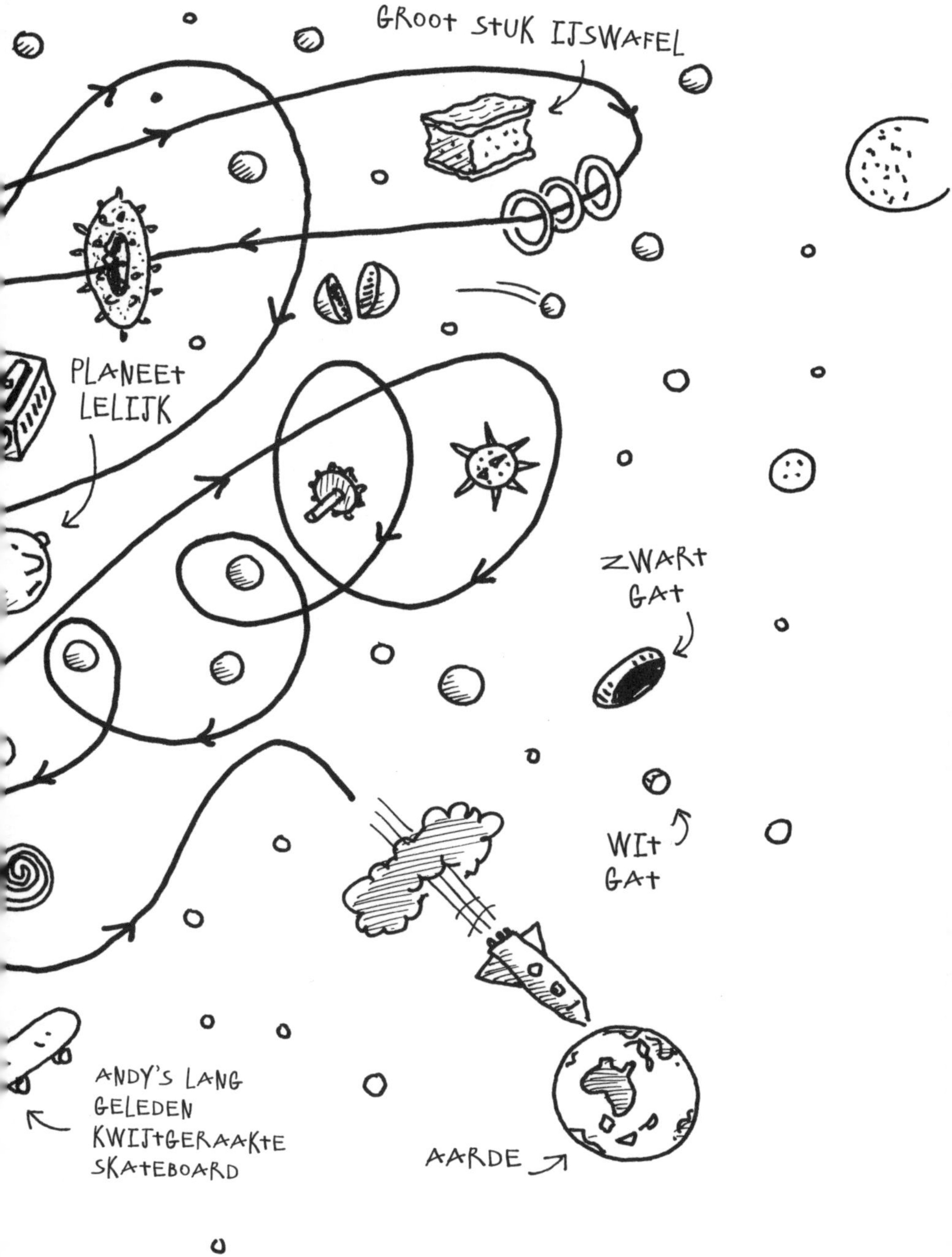
GROOT STUK IJSWAFEL
PLANEET LELIJK
ZWART GAT
WIT GAT
ANDY'S LANG GELEDEN KWIJTGERAAKTE SKATEBOARD
AARDE

HOOFDSTUK 10

PLOEF! PLORK! PLAP!

'Ai, mijn arme hoofd!' zegt Professor Stupido. 'Waar zijn we?'

'Eh,' zeg ik, 'aan het gras te zien, en de schaduw en al die bomen, lijkt het me dat we in een soort van bos geland zijn.'

‘Volgens mij heb je gelijk, Andy’, zegt Terry. ‘Want, moet je kijken, daar staat een bordje met “EEN SOORT VAN BOS”.’

‘Ik denk eigenlijk’, zeg ik, en ik kijk om me heen, ‘dat het een van *onze* bordjes is, en dat dit dus *ons* bos is.’

‘Ja!’ zegt Terry. ‘En dat is onze boomhut!’

'O-oh...' zeg ik. 'Kijk uit! Daar zijn de handen weer!'

'Wat gebeurt er?' vraagt Professor Stupido.

'Dat is die machine waar we het over hadden', zeg ik. 'Zodra we te dicht bij de boomhut komen, krijgen we klappen.'

'Daar zal ik dan snel een eind aan maken', zegt Professor Stupido.

PLOEF!

'Jee!' zegt Terry. 'Dank u wel, Professor! U bent geweldig!'

'Niets te danken', zegt Professor Stupido. 'Nu ik toch bezig ben: is er nog iets anders dat jullie on-uitgevonden willen hebben?'

'Nee, dank u, dat hoeft niet', zeg ik snel, voordat hij iets gaat on-uitvinden dat we niet on-uitgevonden willen hebben. 'Ik neem aan dat u terug wilt naar de achterkant van de maan, dus we tekenen gewoon een nieuwe raket en dan kunt u weer gaan.'

'Wacht even,' zegt de professor, 'niet zo snel. Hoe zit het met die marshmallows die jullie beloofd hebben?'

‘Kom maar binnen’, zegt Terry. ‘U mag er zo veel als u wilt! En we hebben ook een limonadefontein, een waterval van chocola en een ijskraam met 78 smaken!’

‘Daar hebben ze toch geen hete ijsjes, hè?’ zegt de professor. ‘Ik *haat* hete ijsjes!’

‘Nee, ze hebben er koud ijs’, zegt Terry. ‘Dat is het enige soort ijs dat we tegenwoordig nog op aarde hebben. U hebt het hete ijs on-uitgevonden, weet u nog wel?’

‘Dat is ook zo!’ Hij grinnikt. ‘Ik heb zo veel dingen on-uitgevonden dat ik het niet allemaal meer bij kan houden!’

We gaan de boomhut in en zodra we binnen zijn, detecteert de marshmallowmachine hoeveel honger we hebben. Hij begint marshmallows op ons af te schieten.

Terry en ik doen onze mond open. We kauwen en slikken zo snel als we kunnen. Maar Professor Stupido steekt zijn handen in de lucht en schreeuwt: 'We worden weer aangevallen!'

'Nee, zo is het niet', probeer ik, met mijn mond vol marshmallows, uit te leggen. 'De marshmallowmachine doet precies waarvoor hij is bedoeld.'

Maar ik denk niet dat Professor Stupido me begrijpt, want hij wijst naar de machine en zegt:

Opeens is de marshmallowmachine verdwenen.

'Idioot!' gilt Terry. 'U heeft onze marshmallow-machine on-uitgevonden! Wat moeten we nu eten?'

O-oh. Ik ken Professor Stupido nog niet heel lang, maar ik heb de indruk dat het niet iemand is die je zomaar idioot moet noemen.

'Heb ik dat juist gehoord, jongen?' zegt de professor. Hij tuurt naar Terry. 'Noemde je mij daarnet een idioot?'

Terry ziet er doodsbang uit.

'Eh, uh, eh...' stamelt hij.

'Wel?' zegt de professor. 'Ik wacht!'

'NEE!' zegt Terry. Ik heb hem nog nooit zo snel zien denken. 'Ik zei: "O zo groot..." is onze dank. Dat u ons van dat ding afhelpt.'

Professor Stupido glundert. 'O, geen dank', zegt hij. 'Er is niets dat me zo veel genoegen schenkt als het on-uitvinden van vervelende, gevaarlijke zaken. En nu we het toch over gevaarlijke zaken hebben, zie ik daar een aquarium met mensenetende haaien?'

'J-ja,' zeg ik zenuwachtig, 'maar ze zijn niet gevaarlijk. Ze eten alleen maar visjes.'

'Nu ja, ze hebben wel Kapitein Houthoofd opgegeten', zegt Terry.

‘Dan zijn het dus menseneters!’ zegt de professor. ‘Ik dacht het al! Ik zal ze rap on-uit moeten vinden.’

‘Wilt u ze alstublieft niet on-uitvinden’, zeg ik. ‘Mensenetende haaien zijn leuk!’

‘Ze zijn niet leuk, ze zijn wreed!’ zegt de professor. ‘En dat is dan ook precies de reden dat ik ze on-uit ga vinden. Achteruit!’

Ik staar naar het lege haaienaquarium.

Ik vraag me af of Professor Stupido niet een groter gevaar voor de boomhut geworden is dan de Er-was-eens-ooit-machine.

We moeten van hem af zien te komen — en snel ook!

Maar voor ik iets kan zeggen — of doen…

komt er een bowlingbal uit de lucht vallen…

die op een haartje na het hoofd van Professor Stupido mist…

en met een klap op de vloer naast hem terechtkomt.

‘Mijn hemel!’ zegt Professor Stupido. ‘Is daarboven soms een bowlingbaan?’

‘Ja’, zegt Terry. ‘We hebben *alles,* in onze boomhut!’

‘Nu niet meer’, zegt Professor Stupido.

'Neeee!' zeg ik. 'Daar gaat onze bowlingbaan!'

'Ja,' zegt Terry, 'maar je moet het positief bekijken — de pinguïns heeft hij in elk geval niet on-uit-gevonden.'

‘Pinguïns?’ zegt Professor Stupido. ‘Zei je *pinguïns*?’ Die kan ik niet uitstaan! Die zijn nog erger dan kikkernijlpaarden! Ik ga ze ogenblikkelijk on-uitvinden!’

Professor Stupido is nog maar nauwelijks klaar met het on-uitvinden van de pinguïns, als de deurbel gaat.

'Wat is dat irritante gerinkel?' zegt hij.

'Gewoon, de deurbel', zeg ik vlug. 'Maar vind hem alstublieft niet on-uit, want dan weten we nooit meer of er iemand voor de deur staat.'

'Goed', zucht de professor. 'Jullie kostbare deurbel zal ik dan niet on-uitvinden.'

'Hallo, Andy! Hallo, Terry!' roept een vertrouwde stem. 'Post!'

'Wie is dat?' zegt Professor Stupido.

'Dat is Bill', zegt Terry. 'Postbode Bill!'

'Is er ook post voor mij?' zegt de professor.

'Even kijken', zegt Bill. 'Wat is uw naam?'

'Professor Stupido', zegt hij.

'Ik ben bang van niet', zegt Bill.

'Plof dan maar!' zegt de professor. 'Ik haat het als er geen post voor me is. Postbode Bill, u en al uw collega's zijn vanaf nu on-uitgevonden!'

Arme Bill!

Terry en ik kijken elkaar aan, maar we durven niets te zeggen.

Professor Stupido gaapt. 'Ik krijg slaap van al dat on-uitvinden', zegt hij. 'Ik denk dat ik even ga liggen.'

'Pfoewie!' fluister ik tegen Terry. 'Zolang hij slaapt kan hij in elk geval niks on-uitvinden.'

Professor Stupido is nog maar een paar minuten weg als de luidste gitaarsolo die we ooit gehoord hebben door de hele boomhut klinkt.
Er is maar één gitaarspeler op aarde die zo luid kan spelen. Of misschien twee. En ik weet vrij zeker dat Professor Stupido ze allebei niet leuk zal vinden.

Professor Stupido komt de ladder af. 'Ik kan niet slapen', schreeuwt hij over de muziek heen. 'Wat is dat voor een afschuwelijke herrie?'

'Dat is geen afschuwelijke herrie', zegt Terry. 'Dat zijn Jimi Handrix en Supervinger. Die spelen in het concertgebouw.'

'Nu niet meer!' zegt Professor Stupido.

Die gitaar vind ik vreselijk
en die zangstem nog veel meer.
Ik vind je on-uit, Jimi Handrix.
Supervinger evenzeer.

'Neeee!' zegt Terry. 'U hebt Jimi Handrix on-uitgevonden!'

'En Supervinger!' zeg ik. 'Wat moeten alle mensen die problemen hebben waar een vingermatige oplossing voor nodig is nu doen?'

'Daar kan ik wel iets aan doen', zegt de professor. 'Ik vind gewoon alle problemen waar een vingermatige oplossing voor nodig is on-uit.'

Maar voor hij dat kan doen, stampt de Slurfinator de kamer binnen en stompt hem op zijn neus.

'Waarom doet hij dat?' zegt de professor. Hij kijkt omhoog naar de Slurfinator.

'Ik denk dat hij boos is dat u Jimi Handrix on-uitgevonden hebt', zegt Terry.

'Ja. Daar is hij een grote fan van', zeg ik. 'Misschien wel de allergrootste.'

De professor probeert op te staan, maar de Slurfinator duwt hem tegen de grond en begint hem uit te rollen als een pannenkoek.

'Goed, oké, vriend', schreeuwt de professor. 'Jij bent on-uitgevonden!'

ROMMEL!
ROMMEL!
ROMMEL!

Opeens begint de boom te schudden.

'Wat is dat?' zeg ik. 'Wat gebeurt er?'

'Dat klinkt als de Slurfinator die rond loopt te stampen', zegt Terry.

'Maar de Slurfinator is daarnet on-uitgevonden', zeg ik.

'Dan moet het de vulkaan zijn', zegt Terry. 'Ik denk dat hij aan het uitbarsten is!'

'Maar toen jij hem in de boomhut haalde, heb je me beloofd dat het een niet-uitbarstende was!' zeg ik.

'Weet ik', zegt Terry. 'Maar het ziet ernaar uit dat ik het mis had. Iedereen kan kleine foutjes maken.'

'Maar dit is geen "klein foutje"!' schreeuw ik. 'Dit is een ENORME RAMP!'

'Geen probleem', zegt de professor. 'Ik vind vulkanen gewoon even on-uit!'

'Maar ik vind vulkanen *leuk*!' zegt Terry.

'Dus je wordt liever bedolven onder de gloeiend hete lava?' vraagt de professor verbaasd.

'Eh... even denken', zegt Terry.

‘Dat is niet iets waar je over na hoeft te denken, Terry!’ zeg ik. Ik keer me om naar de professor. ‘Vind de vulkanen on-uit… snel!’

‘Komt voor elkaar’, zegt de professor.

'Neeee', zegt Terry. 'Hoe moeten we onze marshmallows nu roosteren?'

'Maak je daar maar geen zorgen over', zeg ik. 'Marshmallows bestaan niet meer, weet je nog wel?'

'O ja', zegt Terry droevig. 'Ik weet het weer.'

Op dat moment horen we het onmiskenbare geluid van Professor Stupido die weer iets anders on-uitvindt.

'O-oh', zegt Terry. 'Wat heeft
hij nu weer on-uitgevonden?'
'Ik weet niet', zeg ik.

'Maar ik heb het akelige gevoel dat hij niet zal rusten voor hij ALLES on-uitgevonden heeft!'

HOOFDSTUK 11

BLAM! BLOING! BLING!

'STOP!' schreeuw ik.

Maar Professor Stupido houdt niet op. Hij blijft maar on-uitvinden…

en on-uitvinden…

en on-uitvinden…

en on-uitvinden…

tot er niets meer van onze boomhut over is dan alleen de boom.

'Onze *boomhut*!' zegt Terry. 'Onze *boomhut van 39 verdiepingen*! Weg! Helemaal weg! U hebt hem helemaal on-uitgevonden! Nu is het enkel nog een boom *zonder* 39 verdiepingen!'

'Hmm', zegt Professor Stupido, en hij wrijft over zijn kin. 'Daar zeg je me wat. Die zal ik dan ook even voor jullie on-uitvinden...'

'Onze boom!' zeg ik. 'U hebt onze boom on-uitgevonden!'

'Ik denk dat je, als je goed kijkt, begrijpen zult dat alle bomen hetzelfde zijn', zegt Professor Stupido. 'Er staan nog heel wat andere bomen in het bos. Wat me weer op het idee brengt dat ik die net zo goed ook kan on-uitvinden. Nu ik toch bezig ben.'

‘Maar de vogels en de dieren dan?’ zegt Terry. ‘Waar moeten die nu wonen?’

‘Daar hoeven we ons geen zorgen over te maken’, zegt Professor Stupido. ‘Ik vind ze gewoon on-uit.’

'Zo, dat is beter', zegt Professor Stupido. 'En nu ik de aarde bevrijd heb van al die lastige beesten, kan ik het karwei maar beter helemaal afmaken en ook de mensen on-uitvinden.'

Terry en ik happen naar adem.

'Maak je geen zorgen', giechelt Professor Stupido. 'Ik vind iedereen on-uit, behalve jullie. Jullie zijn tenslotte de enigen die mijn genialiteit naar waarde weten te schatten.'

'Neeee!' zeg ik. 'Ik denk dat u dit keer echt te ver bent gegaan!'

'Integendeel', zegt Professor Stupido rustig. 'Ik denk dat ik nog lang niet ver genoeg ben gegaan. Stel je eens een wereld voor waar niet alleen geen mensen meer zijn, maar ook *geen wereld*!'

'Ik kan me geen *wereld zonder wereld* voorstellen', zegt Terry. 'Dat slaat nergens op!'

'Dat slaat *wel* ergens op', zegt Professor Stupido. 'Alleen van het idee al krijg ik zin om te gaan zingen!'

Stel je een wereld voor
totaal on-uitgevonden.
Denk eens aan alle problemen
die dan niet meer bestonden!

Geen grote olifanten meer
die boksen met je gezicht.
Geen krabbetjes op het strand
als je net te zonnen ligt.

Geen vervuilende
vervuiling meer,
geen vieze olievlekken.
Geen veel te dichtbevolkte,
bezette fietsenrekken.

Geen pukkeltjes of puistjes,
geen jeukerige huid.
Geen struikelen of vallen meer,
geen kettingbotsgeluid.

Geen afval en geen rommel,
geen vuilnis en geen troep.
Geen spam en ook geen Twitter.
Nooit meer een Facebookgroep.

Geen lawaai en geen gedoe,
geen klacht en geen geziek.
Geen reden meer voor
zorgen, geen stress en
geen paniek.

Geen sporttoernooien meer
met luidsprekergeschal.
Geen wankel regententje meer
dat weldra lekken zal.

Geen opwarming van de
aarde. Geen waarschuwings-
berichten. Geen nieuwe
jongenspopgroep meer
met stomme knappe gezichten.

Nooit meer vechten.
Nooit meer verliezen.
Niets te winnen.
Niets te kiezen.

Geen ellende.
Geen chagrijn.
Geen geworstel.
Nooit meer pijn.

Zo schoon, zo puur,
en ook zo vredig.
De stilte zal geweldig
zijn, volmaakt en
dus volledig.

Niemand kan dat toch
niet willen?
Geen drukte, geen geluid.
Stel je eens die wereld voor.
Ik vind hem on-uit!'

De wereld redden van zichzelf, ik doe het met één klik! En jullie tweeën blijven over, plus, natuurlijk, ik!
NEEEEE!

BLAM!

We zweven op een plek in de ruimte waar ooit de wereld was.

'Ach ja', zegt Terry. 'De wereld is dan misschien verdwenen, maar laten we het van de positieve kant bekijken.'

'Welke positieve kant?' zeg ik.

'We hebben nog altijd de maan, de zon en alle planeten.'

'Bedankt dat je me eraan herinnert', zegt Professor Stupido. 'Ik reken er meteen mee af.'

Een allesverblindende lichtflits en plotseling is er geen zonnestelsel meer.

'Goed,' zegt Terry, 'het heeft dus geen zin om nog te treuren over on-uitgevonden zonnestelsels. Gelukkig heeft hij het totale heelal niet on-uitgevonden.'

‘Wat een goed idee!’ zegt Professor Stupido. ‘Ontzettend bedankt, Terry! Ik ga er meteen aan beginnen.’

‘Terry,’ zeg ik, ‘je praat te veel.’

‘Maak je niet druk’, zegt hij. ‘Je denkt toch niet echt dat dat *mogelijk* is.’

KN

AL!

'Het is me gelukt!' zegt Professor Stupido. 'Ik heb het complete heelal on-uitgevonden! Niemand heeft ooit zo veel on-uitgevonden als ik! Ik ben zonder enige twijfel de grootste on-uitvinder die ooit heeft geleefd.'

‘Wat moeten we doen?’ fluister ik tegen Terry. ‘Volgens mij is het een kwestie van tijd voor hij ons ook on-uit zal vinden!’

‘Ik weet het’, zegt Terry. ‘Ik wou dat hij *zichzelf* on-uit zou vinden!’

‘Dat is het!’ zeg ik.

‘Wat?’

‘We dagen hem uit om zichzelf on-uit te vinden’, zeg ik. ‘Wat denk jij?’

‘We kunnen het absoluut proberen!’ zegt Terry. ‘Als er iemand is die het kan, dan is hij het wel.’

'Hé, Professor!' zeg ik. 'Wij zitten net te denken aan iets wat u *niet* on-uit kunt vinden.'

'Belachelijk!' zegt de professor. 'Er is *niets* dat ik niet on-uit kan vinden!'

'En uzelf dan?' zegt Terry. 'Wedden dat u *uzelf* niet on-uit kunt vinden?'

'Natuurlijk kan ik mezelf on-uitvinden,' zegt Professor Stupido, 'maar waarom zou ik ons allen beroven van de grootste on-uitvinder die ooit heeft geleefd?'

'O, zomaar', zeg ik. 'Gewoon om voor eens en voor altijd te bewijzen dat u uzelf *inderdaad* on-uit kunt vinden.'

‘Maar we *weten* allemaal toch dat ik dat kan’, zegt de professor. ‘Ik bedoel, ik heb het hele heelal al on-uitgevonden — mezelf on-uitvinden, dat zou, daarbij vergeleken, kinderspel zijn.’

‘Weet u wat ik denk?’ zegt Terry. ‘Ik denk dat u gewoon bang bent.’

‘Ik ben NIET bang!’

‘Dat bent u wel!’

‘Dat ben ik niet!’

‘Dat bent u wel!’

‘Dat ben ik niet!’

‘Dat bent u wel!’

‘Dat ben ik niet!’

‘Dat bent u wel!’

‘Dat ben ik niet!’

‘Dat bent u wel!’

‘Dat ben ik niet!’

‘Dat bent u wel!’

‘Dat ben ik niet!’

‘Dat bent u wel!’

'Ik ben het NIET,' zegt Professor Stupido, 'en ik zal het voor eens en voor altijd bewijzen ook!'

BLING!

‘Het is ons gelukt!’ zeg ik. ‘We hebben Professor Stupido zo ver gekregen dat hij zichzelf on-uitgevonden heeft!’

‘Mooi, dus waar wachten we nog op?’ zegt Terry. ‘We gaan naar de boomhut terug!’

'Eén klein probleempje', zeg ik. 'Er is geen boomhut meer… geen boomhut, geen boom, geen *niks*. Hij heeft *alles* on-uitgevonden. *Alles en iedereen*.'

‘Geen probleem’, zegt Terry. ‘Ga eens opzij!’

‘Waarom?’ zeg ik. ‘Wat wil je dan doen?’

‘Alles weer terugtekenen’, zegt Terry.

HOOFDSTUK 12

DE ONGELOOFLIJKE POTLEPEL!

'Maar je kunt toch niet een heel universum opnieuw gaan tekenen!' zeg ik. 'Ik bedoel: ik *weet* dat je een goede tekenaar bent — en ik geef toe dat je *veel* beter bent dan ik — maar... een heel universum?'

‘Tuurlijk!’ zegt Terry. ‘Universums zijn helemaal niet zo moeilijk als je zou denken. Je begint gewoon met een oerknal, een beetje ruimte, een paar triljoen zonnen, een paar biljoen planeten, een stapeltje manen, een stuk of twee zwarte gaten, en dan zie je wel hoe ver je komt.’

‘Maar je hand deed toch zeer?’ zeg ik.

‘Die doet geen zeer meer!’ zegt Terry. ‘Toen Professor Stupido de pijn on-uitvond was het *meteen* genezen!’

‘Dat is mooi,’ zeg ik, ‘maar hij heeft ook de pennen en de potloden on-uitgevonden.’

'Dat geeft niet', zegt Terry. 'Want ik heb een *potlepel*!'

'Wat is een potlepel?'

'Half potlood en half lepel!' zegt Terry. 'Heb ik zelf gemaakt. Kijk maar in de advertentie!'

'Wow, dat is briljant', zeg ik. 'Maar hoe kan het dat je hem nu nog bij je hebt? Heeft Professor Stupido potlepels niet ook on-uitgevonden?'

'Er bestaat er maar één van', zegt Terry. 'Misschien kon hij hem daarom niet on-uitvinden — hij wist niet dat hij bestond. Maar het kan ook zijn dat het komt omdat ik hem verstopt heb in mijn neus.'

'Je hebt hem verstopt in je neus?' zeg ik. '*Waarom*?'

'Voor noodgevallen natuurlijk,' zegt Terry, 'zoals nu. Het enige probleem is dat hij nogal ver bovenin zit. Kun je me helpen om hem eruit te krijgen?'

‘Zeker weten van niet!’ zeg ik. ‘Ik steek mijn vinger niet in jouw neus!’

‘Maar het lot van het complete universum hangt ervan af!’

‘KAN ME NIET SCHELEN!’ zeg ik. ‘*Dan nog* steek ik mijn vinger niet in jouw neus!’

'Geeft niet', zegt Terry. 'Ik denk dat ik een nies aan voel komen.'

'Perfect!'

Terry knikt zijn hoofd naar achteren. 'Ha… ha… ha…'

Ik hou mijn handen voor mijn gezicht. Terry's niezen kunnen nogal klodderig zijn.

'Nee… sorry', zegt Terry. 'Vals alarm.'

'Jammer', zeg ik.

‘Of wacht,’ zegt Terry, ‘het komt weer terug.’

‘Gelukkig’, zeg ik.

‘Ha… ha… ha…’

‘Nee’, zegt Terry. ‘Weer vals alarm.’

‘O’, zeg ik. ‘Dan denk ik dat we voor eeuwig in het niets rond moeten blijven zweven.’

'Andy?' zegt Terry.

'Wat?' zeg ik. 'Komt je nies al terug?'

'Nee, ik wilde alleen even zeggen dat als ik de rest van mijn leven in het niets rond moet blijven zweven, ik dat met niemand anders liever doe dan met HA-TSJOE!'

‘Smerig, Terry!’ zeg ik. ‘Je niesde recht in mijn gezicht! Dat is het smerigste dat je ooit gedaan hebt!’

‘Dat denk ik niet’, zegt Terry. ‘Ik denk dat het meer het op twee na smerigste is.’

Ik denk even na. ‘Ja,’ zeg ik, ‘waarschijnlijk heb je gelijk.’

Ideeën voor nieuwe boeken
* Gladiatorgedicht
* Verhalen over ballet
* Grappige zombieverhalen
* Reuzenspin die mensen eet
* Gemene tandenfee
Top vijf van smerigste dingen die Terry ooit heeft gedaan:
1 Een levende slak opgegeten (zat tussen de sla)
2 Zijn onderbroek in het haaienaquarium gewassen
3 In Andy's gezicht geniesd
4 Een lelijk zeemonster gekust
5 Kauwgom gekauwd die hij op straat gevonden had

'Sorry voor de nies, Andy,' zegt Terry, 'maar ik heb in elk geval mijn potlepel eruit gekregen!'

'Zou je,' zeg ik, 'voor je het heelal opnieuw gaat tekenen, misschien eerst een zakdoek voor me kunnen tekenen?'

'Natuurlijk. Alsjeblieft', zegt Terry. 'Maar als je me nu even wilt verontschuldigen, ik kan maar beter aan het werk gaan...'

Ik kijk toe, en Terry tekent sterren, planeten en manen…

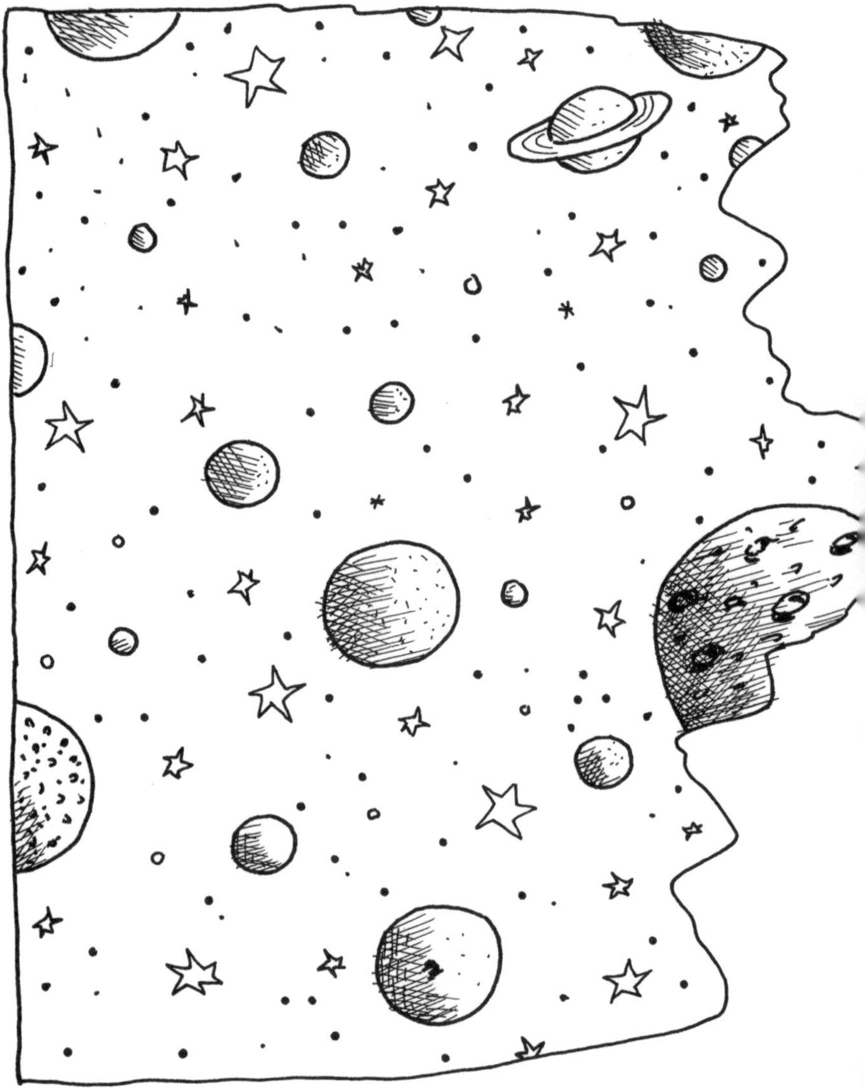

UFO's, zwarte gaten, kometen, meteorieten, supernova's, rode dwergen, angstaanjagende ruimtewezens en afgrijselijke monsters waarvan ik dacht dat ze alleen in sciencefictionstrips voorkwamen.

'Jakkes', zeg ik.

‘Rustig maar, Andy’, zegt Terry. ‘Dat is gewoon een bloedzuigende wormman van Venus, met scheermestanden.’

‘Dat weet ik wel,’ zeg ik, ‘maar moet je die dan ook echt tekenen?’

‘Ja,’ zegt hij, ‘ik moet alles precies zo terugtekenen als het was.’

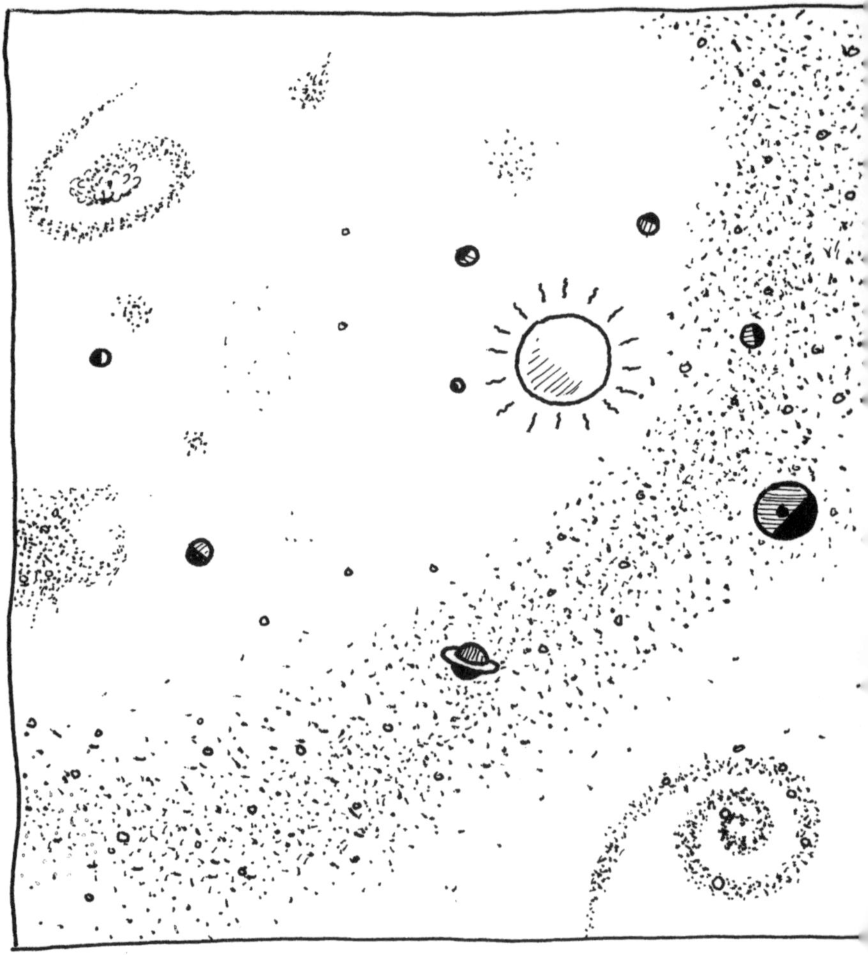

Terry tekent het complete melkwegstelsel, inclusief de zon en de maan en alle planeten: Mars, Mercurius, Venus, Saturnus, Jupiter, Neptunus, Uranus, en de belangrijkste van allemaal — de aarde!

'JA! De aarde!' zeg ik. 'Kunnen we daar nu dan meteen naartoe?'

'Niet zo snel, Andy', zegt Terry. 'Ik moet eerst alle dingen er nog op tekenen.'

'Schiet op dan!' zeg ik. 'Ik had niet gedacht dat ik dit ooit nog eens zou zeggen, maar ik mis de zwaartekracht echt… en ik moet ook nogal nodig naar de wc.'

Terry tekent alles op het aardoppervlak, met de oceanen erbij, de bergen, de woestijnen, de bossen, de savannes en de moerassen.

Hij tekent alle wegen en gebouwen, inclusief huizen, ziekenhuizen, stadions, scholen, winkels en kraampjes langs de kant van de weg.

'Hé, dat ziet er goed uit', zeg ik. 'Mag ik ook wat doen?'

‘Heel vriendelijk aangeboden, Andy,’ zegt Terry, ‘maar waarschijnlijk is het beter als ik het doe. Weet je wat? Beloof me maar dat je *helemaal niets* zult tekenen.’

‘Oké,’ zeg ik, ‘dat beloof ik.’

Terry begint alle dieren op de aarde te tekenen.

'Je hoeft niet alle konijnen te tekenen', zeg ik. 'Twee is genoeg.'

'Hoezo?' zegt Terry.

'Laat maar', zeg ik. 'Teken maar door. Dat van die konijnen leg ik je later wel uit.'

Het duurt niet lang voor Terry bijna alles weer teruggetekend heeft zoals het was, ook ons bos, onze boom en onze boomhut — met alle 39 de verdiepingen!

HOOFDSTUK 13

HET LAATSTE HOOFDSTUK

Terry zucht. 'Zo,' zegt hij, 'klaar.'

'Volgens mij ben je iets vergeten', zeg ik.

'Wat dan?'

'Jill!' zeg ik.

'Oeps', zegt Terry. 'Eén Jill nog. Momentje!'

‘Zo?’ zegt Terry.
‘Te lang’, zeg ik.

Terry tekent haar nog een keer.
‘En nu?’ zegt hij.
‘Te klein.’

‘Zo dan?’ zegt Terry.
‘Helemaal goed!’ zeg ik.

Jill bloost.

Terry giechelt.

Ik kijk om me heen om te ontdekken wat er zo grappig is. Terry heeft hartjes boven mijn hoofd getekend.

'Terry!' zeg ik. 'Hou eens op.'

'Sorry, Andy', zegt Terry, en hij haalt ze weg met zijn lasergum. 'Zo beter?'

'Veel beter', zeg ik.

'Oké', zegt Terry. 'En als de twee tortelduifjes het me niet kwalijk nemen, ga ik nu de vissen in de zee even inkleuren.'

Hij rent lachend weg.

'Wat gebeurt er?' zegt Jill. 'Al mijn dieren verdwenen... en toen verdween *ik*.'

'Ja, sorry daarvoor', zeg ik. 'Ik ben bang dat jij en je dieren on-uit werden gevonden.'

'*On-uitgevonden*?' zegt Jill. 'Hoe dan?'

'Dat deed Professor Stupido, de beroemde on-uitvinder', zeg ik. 'We hadden hem gevraagd om onze Er-was-eens-ooit-machine on-uit te vinden, maar uiteindelijk vond hij het hele universum on-uit, met zichzelf erbij. Terry is nog maar net klaar met het terugtekenen van alles.'

‘En Zoetje?’ zegt Jill. ‘Hoe is het met haar?’

Ik kijk om me heen, maar ik zie haar nergens.

‘Misschien dat Terry Zoetje vergeten is’, zeg ik.

Er springen tranen in Jills ogen.

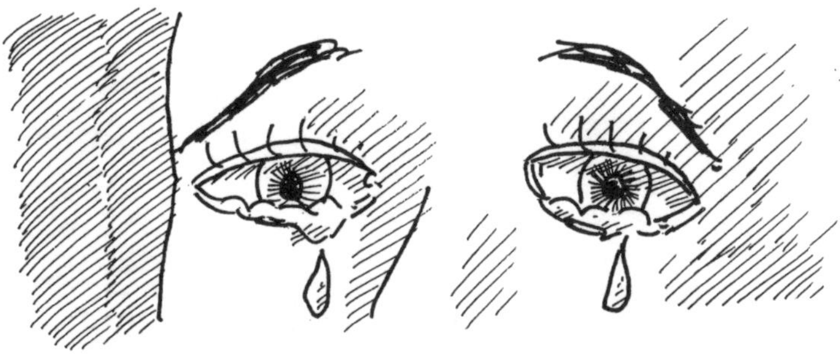

‘Niet huilen’, zeg ik vlug. ‘Ik regel het wel.’

‘Hoe?’ zegt Jill.

‘Ik teken een nieuwe Zoetje voor je.’

‘Ik dacht dat jij niet kon tekenen’, zegt ze.

‘Nee, niet zo goed als Terry, maar een vliegende kat tekenen, dat kan toch niet zo moeilijk zijn?’ zeg ik. ‘Een paar cirkels, een paar snorharen, vleugels, en een staart.’

Ik probeer Zoetje zo goed als ik kan te tekenen, maar ze lukt niet helemaal. Eigenlijk lijkt ze totaal niet op een vliegende kat. Meer op een soort van gemuteerde leeuw.

Ik probeer zijn oren erop te tekenen, en dan kijkt hij naar me met zijn slecht getekende ogen en begint te grommen.

'Andy!' gilt Jill. 'Wat heb je getekend?'

'Om eerlijk te zijn,' zeg ik, 'ben ik daar niet helemaal zeker van. Kun jij even met hem praten en hem een beetje kalmeren?'

‘Ik kan niet met hem praten’, zegt Jill. ‘Hij heeft geen oren!’

‘Dan kunnen we Terry maar beter even roepen’, zeg ik.

‘HELP!’ schreeuwen we allebei. ‘TERRY! HELP! KOM SNEL!’

Terry komt aanrennen, met zijn lasergum in zijn hand.

'Achteruit', zegt hij. Hij knielt en begint te richten.

Als hij klaar is, draait hij zich naar mij om en zegt: 'Je had beloofd om *helemaal niets* te tekenen.'

'Hoe weet je dat *ik* hem heb getekend?' zeg ik.

'*Jij* bent de enige die zoiets slecht getekends kan tekenen', zegt hij, en hij schudt zijn hoofd.

'Als *jij* niet vergeten was om Zoetje te tekenen, had ik ook helemaal niets hoeven te tekenen.'

'Ik *heb* Zoetje getekend,' zegt hij, '*plus* al haar vrienden! Kijk, daar zijn ze al!'

We kijken omhoog.

De hemel is vol met vliegende katten.

Jill kroelt met Zoetje en al haar andere vliegende katten, en mijn straaldraaistoel verschijnt, waarmee ik naar de boomhut vlieg.

Alles is precies hetzelfde als eerst. Het aquarium met de mensenetende haaien,

de bowlingbaan,

het concertgebouw,

en zelfs de Er-was-eens-ooit-machine…

Wacht eens even!!!

De Er-was-eens-ooit-machine???????????????

Wat doet DIE hier???????????????????

'Terry!' roep ik.

Terry komt eraan, op de voet gevolgd door Jill.

'Wat is er aan de hand?' zegt hij.

'*Dit* is er aan de hand!' zeg ik. Ik wijs naar de machine. 'Waarom heb je de *Er-was-eens-ooit-machine* teruggetekend, na alle moeite die we hebben gedaan om hem juist kwijt te raken?'

'Ik heb hem *niet* teruggetekend!' zegt hij.

'Hoe komt hij dan hier?' zeg ik.

Terry denkt even na. 'Hij moet zichzelf teruggetekend hebben!' zegt hij.

'Geweldig!' zeg ik. 'Dat betekent dat de afgelopen 142 bladzijden helemaal voor niks zijn geweest!'

'Gelukkig staat hij niet aan,' zegt Jill, 'anders had hij ons de boomhut niet in gelaten.'

'Je hebt gelijk,' zegt Terry, 'en moet je kijken — er ligt een manuscript in het afdrukbakje. Hij heeft ons boek afgemaakt!'

'Laat mij eens zien!' zeg ik.

'Mij ook!' zegt Jill.

We lezen het boek…

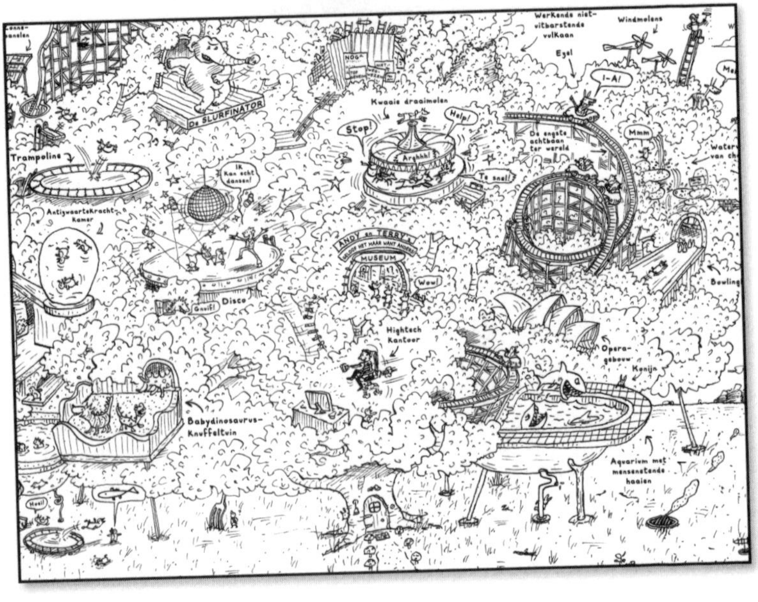

de grootste uitvinding die Terry — of wie dan ook — ooit heeft gedaan.

'Wat verschrikkelijk!' zegt Terry.

'Vind ik ook', zegt Bill. 'Maar het is nog niet eens het ergste wat ze doen.'

Ik zeg: 'Wat is er in hemelsnaam nog erger dan het verjaardagsgeld van kinderen stelen?'

68

'Ik zal het je zeggen', zegt Bill. 'Soms onderscheppen ze ook nog de uitnodigingen die de kinderen sturen voor hun feestje!

Daarna gaan ze naar de huizen waar die verjaardagsfeestjes gevierd worden…

en dan stelen ze de ballonnen die aan de voordeur hangen!

Hihihi.

69

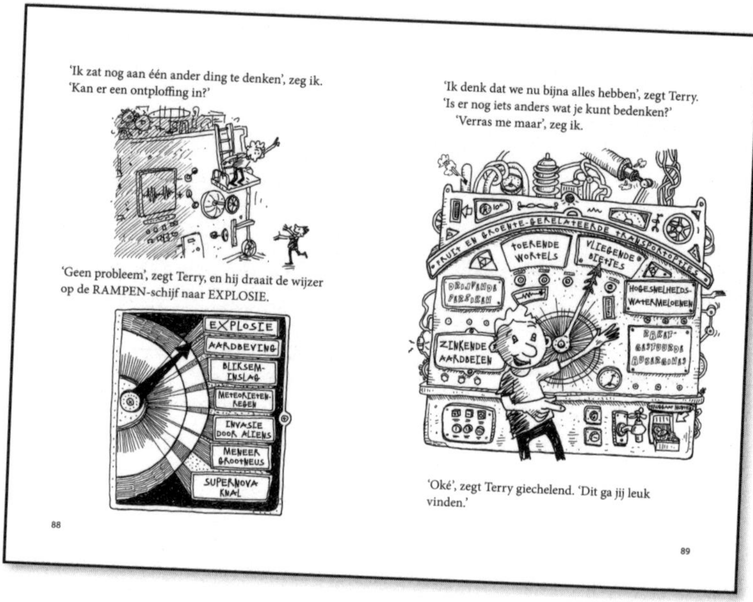

'Ik zat nog aan één ander ding te denken', zeg ik. 'Kan er een ontploffing in?'

'Geen probleem', zegt Terry, en hij draait de wijzer op de RAMPEN-schijf naar EXPLOSIE.

88

'Ik denk dat we nu bijna alles hebben', zegt Terry. 'Is er nog iets anders wat je kunt bedenken?'

'Verras me maar', zeg ik.

'Oké', zegt Terry giechelend. 'Dit ga jij leuk vinden.'

89

We vliegen de lucht in, hoog boven het bos en ver, ver weg.

En dan beginnen we te vallen, eerst nog heel langzaam, en dan sneller en sneller en sneller…

108

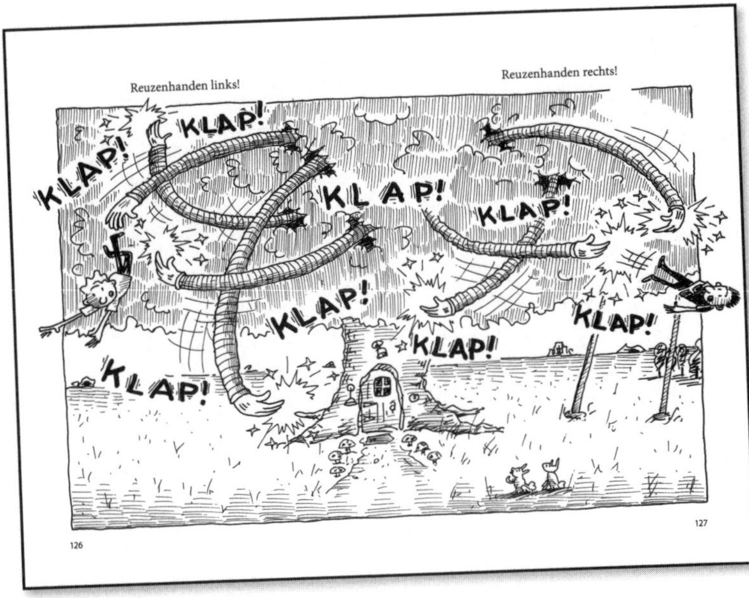
Reuzenhanden links!
Reuzenhanden rechts!
KLAP!
KLAP!
KLAP!
KLAP!
KLAP!
KLAP!
KLAP!
KLAP!
126
127

Er zijn twee honden, een geit, drie paarden,
een goudvis, een koe,
twee cavia's, een kameel, een ezel,
dertien vliegende katten
136
137

TEN SLOTTE KWAMEN ALLE AARDBEWONERS BIJ ELKAAR. ZE STEMDEN VOOR HET ON-UITVINDEN VAN PROFESSOR STUPIDO. ZE PAKTEN HEM OP...
180
BONDEN HEM AAN EEN RAKET...
BEHOUDEN VAART!
181

6...
8...
9...
4...
3...
10...
1...
5...
7...
2
I-aaaa!
EN WEG!
196
197

'Daar zal ik dan snel een eind aan maken', zegt Professor Stupido.

222

223

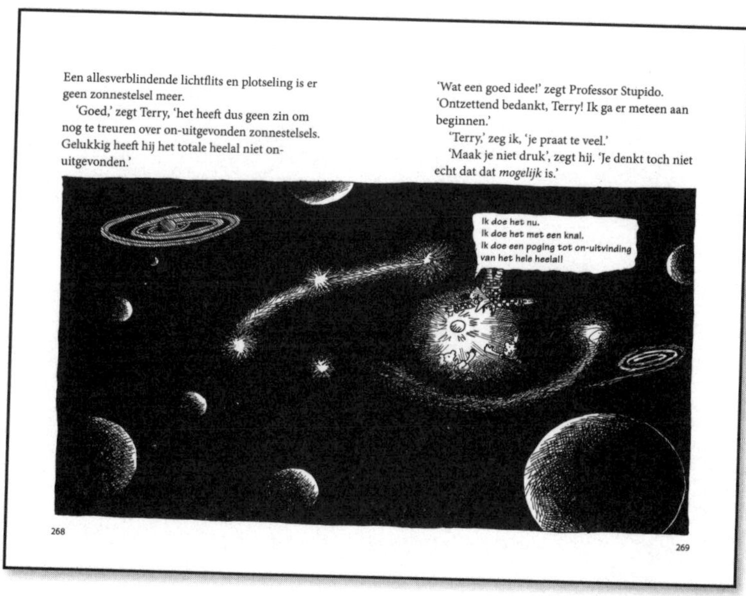

Een allesverblindende lichtflits en plotseling is er geen zonnestelsel meer.

'Goed,' zegt Terry, 'het heeft dus geen zin om nog te treuren over on-uitgevonden zonnestelsels. Gelukkig heeft hij het totale heelal niet on-uitgevonden.'

'Wat een goed idee!' zegt Professor Stupido. 'Ontzettend bedankt, Terry! Ik ga er meteen aan beginnen.'

'Terry,' zeg ik, 'je praat te veel.'

'Maak je niet druk', zegt hij. 'Je denkt toch niet echt dat dat *mogelijk* is.'

268

269

Terry begint alle dieren op de aarde te tekenen.
'Je hoeft niet alle konijnen te tekenen', zeg ik. 'Twee is genoeg.'
310
'Hoezo?' zegt Terry.
'Laat maar', zeg ik. 'Teken maar door. Dat van die konijnen leg ik je later wel uit.'
311
'En,' zegt Terry, 'wat denken jullie?'
'Vol met actie!' zeg ik. 'Er staat alles in waar ik om gevraagd had. Het enige wat er nog ontbreekt is de ontploffing.'
'Ik kan niet wachten om het aan de dieren voor te lezen', zegt Jill. 'Ze zullen ervan smullen — vooral van hoofdstuk zeven!'
De waanzinnige boomhut van 39 verdiepingen
'Je vraagt je alleen af,' zeg ik, 'is alles wat we hebben meegemaakt echt gebeurd, of was het een verhaal dat door de machine is verzonnen?'
'Het voelde wel heel echt', zegt Terry. 'Vooral toen Meneer I-A in mijn vingers beet.'
333

'En,' zegt Terry, 'wat denken jullie?'

'Vol met actie!' zeg ik. 'Er staat alles in waar ik om gevraagd had. Het enige wat er nog ontbreekt is de ontploffing.'

'Ik kan niet wachten om het aan de dieren voor te lezen', zegt Jill. 'Ze zullen ervan smullen — vooral van hoofdstuk zeven!'

'Je vraagt je alleen af,' zeg ik, 'is alles wat we hebben meegemaakt echt gebeurd, of was het een verhaal dat door de machine is verzonnen?'

'Het *voelde* wel heel echt', zegt Terry. 'Vooral toen Meneer I-A in mijn vingers beet.'

'Of het nu echt was of gewoon maar een verhaal,' zegt Jill, 'ik ga er wel van uit dat jullie allebei een *erg* goed lesje hebben geleerd.'

'Wat?' vraagt Terry.

'Dat lijkt me logisch, toch?' zegt Jill.

'Eh...' zegt Terry. 'Dat Andy niet kan tekenen?'

'Dat wist je al', zegt Jill.

'Dat hij niet kan tellen?' zegt Terry.

'Blijkbaar niet', zegt Jill. 'Maar dat is geen lesje.'

'Uitkijken met oversteken?' zeg ik.

Jill zucht. 'Ik denk dat jullie het boek maar beter nog een keer kunnen lezen.'

Dus dat doen we.

'Weet je,' zegt Terry als we klaar zijn, 'ik denk dat de boodschap is dat ik de schrijf- en tekenmachine uitvond om onszelf werk te besparen, maar dat het ons uiteindelijk veel meer problemen en gedoe opgeleverd heeft dan wanneer we ons boek zelf hadden geschreven.'

'Goed zo, Terry!' zegt Jill. 'Dat is de boodschap!'

'Bah!' zeg ik. 'Die stomme machine heeft er een boodschap in gezet, en ik *haat* verhalen met een boodschap.'

'Nu we het over die stomme machine hebben,' zegt Terry, 'waar is hij eigenlijk?'

We kijken om ons heen.

'Hij is weg!' zegt Jill.

'Iemand moet hem gestolen hebben toen wij het boek aan het lezen waren', zegt Terry.

'Maar wie *doet* nu zoiets?' zegt Jill.

'*Zij* daar!' zeg ik. Ik wijs naar een groep neppostbodes die zich met onze machine een weg banen door het bos.

'Die postbodes?' zegt Jill.

'Dat zijn *geen* postbodes', zeg ik. 'Dat zijn de Verjaardagskaart Bandieten! Nu kunnen ze ook ons soort verhalen schrijven... maar dan met een boodschap!'

'Ik dacht dat je net zei dat je verhalen met een boodschap haatte?'

'Ja, *ik* wel,' zeg ik, 'maar andere mensen zijn er gek op.'

'Rustig maar, Andy', zegt Terry. 'Weet je nog van die grote-teen-securityherkenning? Als iemand anders dan wij de machine probeert te starten, dan vernietigt hij zichzelf.'

We horen een enorme ontploffing.

'Zo een?' zegt Jill.

'Exact zo een!' zegt Terry. 'Het ziet ernaar uit dat je toch je ontploffing nog gekregen hebt, Andy!'

'Ja,' zeg ik, 'en wat nog veel beter is: we zijn voor eeuwig en altijd van de Er-was-eens-ooit-machine af – die kan zichzelf nu met geen mogelijkheid meer terugtekenen!

'Ik vind dat we het moeten vieren', zegt Terry.
'Dat is een geweldig idee', zeg ik. 'Waar zullen we mee beginnen: marshmallows, limonade, de waterval van chocola?'
'Ik weet iets veel beters', zegt Terry. 'Kom maar mee!'
Jill en ik volgen Terry naar de ijssalon.
'Hete ijsjes!' roept Edward Schephand vrolijk. 'Haal nu uw hete ijsjes!'

'Heet ijs?' zeg ik. 'Ik dacht dat Professor Stupido het hete ijs on-uitgevonden had.'
'Dat heeft hij ook', zegt Terry. 'Maar toen ik het heelal aan het terugtekenen was, heb ik meteen de warme ijsjes teruggetekend, en ook wat andere dingen die hij on-uit had gevonden.'

Jill neemt vanille met aardbeien, ik neem chocola met nootjes en Terry bestelt drie driedubbele bolletjes in de smaken chocola, dubbelchocola en driedubbelchocola.

'Wow', zegt Jill. 'Heet ijs is heerlijk. Het is net koud ijs, maar dan *heet*!'

'Ja,' zeg ik, 'en geen ijshoofdpijn!'

'Mmmm,' zegt Terry, 'chocoladerig!'

'Professor Stupido moet wel gek geweest zijn om dit on-uit te willen vinden', zegt Jill.

'Ja', zegt Terry. 'Ik begin te geloven dat hij misschien helemaal niet zo geniaal was.'

Terry hapt naar adem. 'Andy!' schreeuwt hij. 'Pas op voor dat kikkernijlpaard!'

'Welk kikkernijlpaard?' zeg ik.

Ik kijk omhoog en zie een kikkernijlpaard van minstens tien ton met zijn bek wijd open op me af komen duiken.

Alles wordt donker.

En slijmerig.

En stinkend.

Dit is zelfs nog erger dan Terry die me onderniest!

'Voorzichtig, Terry, doe hem geen pijn!' hoor ik Jill zeggen, terwijl Terry het kikkernijlpaard van me af trekt.

'En ik dan?' zeg ik.

'Jij redt je wel, Andy', zegt Jill. 'Maar kikkernijlpaarden zijn heel kwetsbaar en schuw!'

'Waarom sprong hij dan op mijn hoofd?' zeg ik.

'Omdat hij een hap van je ijs wilde', zegt Jill. 'Kikkernijlpaarden zijn *gek* op heet ijs. Dat weet toch *iedereen*.'

'Maar *ik* niet', zeg ik. Met het zakdoekje dat Terry voor me getekend heeft veeg ik het kikkernijlpaardspuug van me af. 'En ik hou niet van kikkernijlpaarden.'

'Doe niet zo gemeen', zegt Jill. 'Ik vind hem schattig.'

'Als je wilt, mag je hem hebben', zegt Terry.

'*Echt*?' zegt Jill.

'Ja', zeg ik. 'Vanaf nu is de boomhut kikkernijlpaardvrij gebied.'

'Bedankt, Andy en Terry', zegt Jill. 'Ik zie jullie later.'

Ze klimt op de rug van het kikkernijlpaard en fluistert iets in zijn oor. Hij springt uit de boom en galoppeert het bos in.

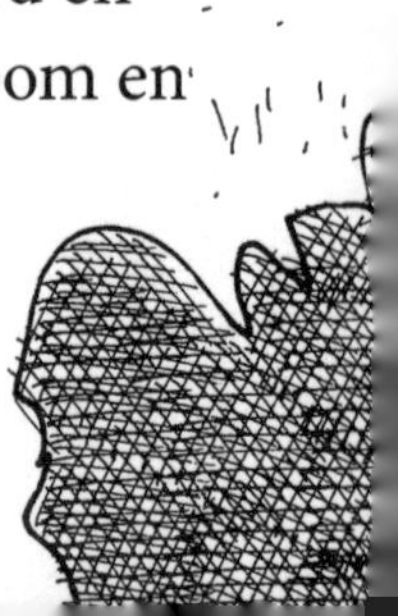

HOP, PAARDJE.
NAAR HET HUIS VAN JILL

'Dat is allemaal heel mooi afgelopen', zegt Terry. 'We hebben niet alleen heet ijs kunnen proeven, maar Jill heeft nu een eigen kikkernijlpaard en wij hebben ons boek!'

'Ja,' zeg ik, 'alleen is het bijna vijf uur en we kunnen het met geen mogelijkheid nog op tijd bij Meneer Grootneus afgeven!'

'Ja, hoor, dat kunnen we wel', zegt Terry.

'Hoe dan?'

'Per vliegende biet natuurlijk!' zegt Terry.

Hij fluit en meteen zoeven er twee gloednieuwe, glimmende, vliegende bieten tevoorschijn. Ze hangen voor ons in de lucht.

'Een voor mij... en een voor jou!' zegt Terry.

'Wow!' zeg ik. 'Dank je wel, Terry. Maar hoe moet dat met je groenteverdamper? Die verdampt ze dan toch? Bieten *zijn* ook groenten, hoor.'

'Geen probleem', zegt Terry. 'Toen ik de groenteverdamper teruggetekend heb, heb ik er een bietenuitzonderingsknop bij gedaan.'

'Briljant, Terry!' zeg ik. 'Kom, we gaan! Opstijgen en wegwezen!'

GROOTNEUS
BOEKEN

Schateiland
Jeeves
Huis in het Poeh-hoekje
Dawn
Ed en Ted
Kafka
Moby Dick

De waanzinnige boomhut van 39 verdiepingen

‘Vertel je me dan nu over de konijnen, Andy?’ zegt Terry.

‘Doe ik,’ zeg ik, ‘maar eerst wil ik het met je hebben over welke 13 nieuwe verdiepingen we op onze boomhut zullen bouwen.’

‘Bedoel je dat we een *boomhut van 52 verdiepingen* gaan maken?’

‘Ja’, zeg ik. ‘Als 39 plus 13 inderdaad 52 is.’

‘Dat is het *exact*’, zegt Terry. ‘En vertel je me daarna dan over de konijnen?’

‘Natuurlijk, Terry’, zeg ik. ‘Dat beloof ik.’

EINDE

De waanzinnige boomhut van 39 verdiepingen
De waanzinnige boomhut van 26 verdiepingen
De waanzinnige boomhut van 13 verdiepingen
De Kat op de mat is plat
Koe die uit elKaar Knalde
Gewoon trucjes
Gewoon Klierig
Gewoon stom
Gewoon GEK!
Gewoon smerig!
Gewoon schokkend
Het slechte boek
Het ERG slechte boek
Gewoon Macbeth
Er was eens SLIJM
Welke BILLOSAURUS is dat?
Welk LICHAAMSDEEL is dat?
Welke PINGUIN is dat?
Welke VIS is dat?

Ook verkrijgbaar in deze reeks:

Deel 4 in deze reeks,

De WAANZINNIGE BOOMHUT
VAN 52 VERDIEPINGEN

verschijnt in de zomer van 2015!

Andy Griffiths woont samen met zijn vriend Terry in een boomhut van 39 verdiepingen. Samen schrijven ze grappige boeken, en daarvan heb jij er nu eentje in handen. Andy schrijft de tekst en Terry maakt de tekeningen. Als je er meer over wilt weten: lees dit boek!

Terry Denton woont samen met zijn vriend Andy in een boomhut van 39 verdiepingen. Samen schrijven ze grappige boeken, en daarvan heb jij er nu eentje in handen. Terry maakt de tekeningen en Andy schrijft de tekst. Als je er meer over wilt weten: lees dit boek!

www.lannoo.com

ISBN 978 94 014 2101 0
D/2014/45/561
NUR 283

Oorspronkelijke titel *The 39-Storey Treehouse*

Vertaling Edward van de Vendel
Opmaak Tatjana Matysik